销售冠军成长记系列

金牌销售项目组
组织编写

# 服装销售
## 从入门到精通

### 从目标到业绩的
### 高效销售技巧

U0367055

化学工业出版社

·北京·

## 内容简介

《服装销售从入门到精通——从目标到业绩的高效销售技巧》全面系统地介绍了服装销售人员应了解的专业知识、应具备的职业素质、服装陈列搭配技巧、顾客心理分析技巧、门店接待导购技巧、快速促成交易技巧、线上直播带货技巧、顾客维护管理技巧等内容。本书从大众化的视角,通过"情景再现",将理论和实践紧密结合,向读者传递出服装销售的理论和技巧。"销售语录"栏目与读者分享销售心得、感悟、哲理,传播正能量。

本书突出实用性和专业性,无论是职场新手,还是经验丰富的服装销售人员,相信阅读本书后都会对服装销售有新的认识,使业绩步步增长。

**图书在版编目(CIP)数据**

服装销售从入门到精通:从目标到业绩的高效销售技巧/金牌销售项目组组织编写. —北京:化学工业出版社,2021.2

(销售冠军成长记系列)

ISBN 978-7-122-38148-4

Ⅰ.①服 … Ⅱ.①金 … Ⅲ.①服 装-销 售 Ⅳ.①F768.3

中国版本图书馆CIP数据核字(2020)第243340号

---

责任编辑:陈 蕾
装帧设计:尹琳琳
责任校对:边 涛

---

出版发行:化学工业出版社
　　　　　(北京市东城区青年湖南街13号　邮政编码100011)
印　　装:三河市延风印装有限公司
710mm×1000mm　1/16　印张13¼　字数226千字
2021年2月北京第1版第1次印刷

---

购书咨询:010-64518888
售后服务:010-64518899
网　　址:http://www.cip.com.cn
凡购买本书,如有缺损质量问题,本社销售中心负责调换。

---

定　　价:68.00元　　　　　版权所有　违者必究

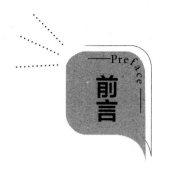

销售是一门非常大的学问，其中蕴含着很多道理、技巧，销售经验和能力不是简简单单一下就能学成的，它需要不断的打磨和修炼。要做好销售工作需要销售人员具有真才实干，需要勇气、口才、交际能力，更需要一定的知识素养、谈判能力和耐力。一个销售人员通过不断的学习和坚持不懈的努力，一定会产生好的业绩。

销售的起步非常艰辛，对于一个销售新人来说，刚开展业务的时候没有人脉、没有客户、没有经验，难免会遇到各种各样的问题，这时销售人员一定要调整好自己的心态，不懈地坚持努力，以诚待人，积聚人脉，开发客户，让潜在的客户真正了解你，让他们转化为你真正的客户。

基于此，我们组织编写了一套"销售冠军成长记系列"丛书，丛书包括《二手房销售从入门到精通——从目标到业绩的高效销售技巧》《保险销售从入门到精通——从目标到业绩的高效销售技巧》《汽车销售从入门到精通——从目标到业绩的高效销售技巧》《服装销售从入门到精通——从目标到业绩的高效销售技巧》四本。

本套图书具有以下亮点和特色。

◇章节架构方面：每章下都将独立的要点成节，每一节又分"要而言之""详细解读"两大板块，其中"详细解读"运用了大量的图表和"小提示""休闲小吧""销售语录""情景再现""名人名言""相关链接"等栏目，对各知识点进行了丰富和拓展。

◇充分考虑现代人快节奏、高压力的工作方式，完全去"理论化"而注重实际操作性，所有知识点都使用精确而简洁的方式进行描述，并尽可能多地通过碎片化的阅读模式解读各知识点，进一步启发读者去思考、学习并运用各项技能。

其中，《服装销售从入门到精通——从目标到业绩的高效销售技巧》由导读（如何成为一流销售人员）、应了解的专业知识、应具备的职业素质、服装陈列搭配技巧、顾客心理分析技巧、门店接待导购技巧、快速促成交易技巧、线上直播带货技巧、顾客维护管理技巧等内容组成。

由于笔者水平有限，书中不足之处在所难免，敬请读者批评指正。

编者

## 目录 —Contents—

**001**

导读
如何成为一流
销售人员

服装导购员，如果不懂服装专业知识，一定无法成为行业中的佼佼者。服装导购员应该学习和了解与服装销售密切相关的专业知识，以便更好地服务顾客。

**005**

第一章
应了解的
专业知识

## 039

**第二章
应具备的
职业素质**

任何一个职业都有其基本的素质要求，作为服装导购员也不例外。而且随着消费者对品牌意识的不断加强，对导购的形象、服务要求也在不断提高。因此，要想成为一名优秀的服装导购员，必须具备相应的职业素质。

## 055

**第三章
服装陈列
搭配技巧**

赏心悦目的服装陈列才能让顾客有想买的欲望，如果店内杂乱无章、陈列做得一塌糊涂，不仅会拉低服装产品的档次，还会让顾客产生厌烦心理。因此，服装导购员要做好店铺的服装陈列。

顾客的消费心理是指从看商品到买下商品之间产生的一系列复杂的心理活动。在整个购买过程中，顾客会针对各方面进行不同的考虑和抉择。所以，导购员要学会顾客消费心理分析，在销售过程中了解顾客的内心变化，以便促成交易。

门店里每天都会有顾客进进出出，他们有的带着目的，有的只是随便看看，对于这些潜在顾客，需要导购员及时地邀请并做好接待，通过和他们沟通，进而了解他们的需要，最终达成销售。

## 131

### 第六章
### 快速促成
### 交易技巧

对于门店导购来讲，如何让顾客在1min之内快速下单，一直是不断学习、不断探讨的话题。这就需要逐步地总结销售经验，从消费者的心态出发，不断地通过实践，并且针对不同的消费者，采用不同的销售方式，从而达到快速成交的目的。

## 155

### 第七章
### 线上直播
### 带货技巧

2020年直播带货成为消费新潮流，各行各业的商家、企业入驻直播平台，传统线下行业进入各大直播间，迅速激活线上消费市场潜能。服装导购员应与时俱进，不仅要掌握线下销售技巧，更要学会线上直播带货，扩大销售范围。

作为导购员，很重要的一项工作职责就是维护老客户。维护老客户的目的就是形成回头客，因为新开发客户的成本太高，而且短期内也难以形成销量，自然客户维护工作就变成了一项非常重要的工作。

## 0. 导读

# 如何成为一流销售人员

销售是一门学问，人人都会做销售，但不是谁都能真正做好销售。销售人员要掌握的不仅仅是向客户卖东西那么简单，而要明白为什么要卖给客户，怎样卖给客户？怎样才有客户来买？可见，要想成为一名一流的销售人员，还要付出很多努力。

## 一、提升销售能力

销售能力究竟应该怎么提升？不管是销售人员本身还是销售管理人员，都应该思考这个问题。

很多人不得其法，眉毛胡子一把抓，只要看到和销售有关的内容，不顾是否适合自身便东拼西凑，拿来就用。实在没有别的办法，就反复"打鸡血"，甚至试图通过体罚措施来提升销售能力的现象也屡见不鲜。

其实，提升销售能力应该有一个清晰的框架及路线图，才能做到科学高效、省时省力。

下图所示的就是销售能力模型。

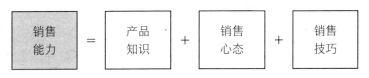

**销售能力模型**

### 1.产品知识

产品是销售的前提和核心，完整、深入的产品知识才能让销售人员在面对和产品有关的问题时从容不迫。

俗话说"手里有粮，心里不慌"，讲的就是这个道理。

### 2.销售心态

销售心态是决定销售是否成功的关键，积极的心态更容易让销售人员发现工作中的机会，乐观的销售人员随时会给人传播积极的能量。在与客户交流时也是这样，销售人员的乐观会带给客户愉快的消费体验，客户也更愿意跟你交流，你因此也会给客户留下深刻的印象。

### 3.销售技巧

销售技巧是销售人员沟通时运用的一些方法，它应该建立在人性基础之上，同时也要符合客户的心理规律。

技巧是对知识的整合，它决定了销售的效率，具有重要的作用。销售技巧可以让销售过程多、快、好、省，可以充分发挥产品知识的价值，让沟通有结果。

## 二、改变销售思维

销售提供的是一个好的创业机会，用老板的思维来经营销售事业，成功率自然提升。

### 1.有老板的格局——赢在自我规划

适逢梅雨季节，一位员工烦恼地说："这连续大雨不知道什么时候才会停？""为什么要担心？我最喜欢下雨天去拜访客户了。"老板好奇地问对方："下雨天，不正是拜访客户的好时机吗？平常说没空的客户，下雨天同样不想出门，这时就很可能有空，不是吗？"

可见，具有员工心态的销售人员常抱着"能早收工就不加班，能少干活就省点精力"的想法；而具有老板格局的销售人不管刮风下雨还是酷暑，习惯规划思考"还能做些什么？"清楚知道自己"接下来该做什么？"善于管理时间、规划活动行程以及调整自身的业务节奏。

当你将销售当事业，用老板的格局思维看待时，应该会觉得时间不够用才是。

### 2.有老板的视野——不吝自我投资

生活中，常会有人说："等我赚到钱，收入稳定了，我再去学这个、进修那个、参加什么研习营……"

"赚到钱再谈自我投资"的思考模式有陷阱，毕竟投资不会立竿见影，需要花心力持续、累积时间慢慢发酵。就好比不是今天去健身房报了名，就会立刻长出六块腹肌；今天加入了社团发展人脉，后期也要和社员真心交流、搏感情，才能签单成交。

老板的视野看的不只是今天，而是明天、明年甚至十几年后，所以他们不会将今天赚到的利润全放进口袋，而会拿出一部分的钱投资未来。

有老板格局的销售人员，会将每个月赚的钱拨一部分作为投资，投资在人脉经营方面，不断丰富自己的人脉关系；投资在自我成长方面，培养专业以外的兴趣；投资在专业技能方面，学习各种对销售专业有帮助的课程。老板想的不是"有钱再去做"，而是"值得就该去做"。

### 3.有老板的思维——不断自我检视

通过开会就能看出老板与员工之间的差别。老板开会的心态是为了盘点检讨，找对策、做修正，态度十分积极；而员工听到开会，就联想到又要被检讨、肯定没有好事，通常是消极以对。

常常也有销售人员抱怨："每次开会就是检讨业绩进度，检讨拜访活动量，还要申报业绩目标……烦不烦啊！"

事实上，一个优秀的团队不用等到开会，随时都会自我检视，盘点自身进度，检讨还有哪些不足。

老板与员工之间还有一个明显的差别。若是问老板，景气不好、竞争压力又大、生意好做吗？事业有成的老板会说："机会其实还是有的，只要我们提升实力，自然能增加竞争力……"相同的问题，员工则会说："对啊，景气不如以往、市场竞争很激烈，老板还要求做得更多……"可见，老板会寻求突破、精益求精，而员工往往是牢骚抱怨加借口。

因此，对于销售人员来说，想要业绩突出，应该拥有自己就是老板的思维，随时多一点自我检视，其实这也是在为自己打拼。

**小提示**　用工作的格局做销售，通常都是被动等待客户上门，看不见热情；而用创业的格局做销售，自然表现出主动积极，还想尽办法追求成长、深化市场经营，销售热情油然而生。所以想成为一流的销售人员，应先将格局高度提上来，把自己当老板。

## 三、成功推销自己

推销自己，是所有成功的销售人员必须具备的技能。把自己推销给别人，是你成功推销的第一步。

乔·吉拉德做汽车销售时，许多人排很长的队也要买他卖的车，实际上他卖的车与别的汽车销售业务员卖的车一样，但人们宁愿等候多日，也要从他手里买车。为什么？当有人向乔·吉拉德请教他的成功秘诀时，他这样回答："跟其他人一样，我并没有什么诀窍，我只是在销售世界上最好的产品，就是这样，我在销售乔·吉拉德。"

销售任何产品之前首先销售的是你自己，在销售过程中，假设客户不接受你，你还有机会向他介绍产品吗？要记住，一流的销售卖自己，二流的销售卖服务，三流的销售卖产品。

**服装销售从入门到精通**
从目标到业绩的高效销售技巧

# 第一章
# 应了解的专业知识

### 导言

　　服装导购员，如果不懂服装专业知识，一定无法成为行业中的佼佼者。服装导购员应该学习和了解与服装销售密切相关的专业知识，以便更好地服务顾客。

销售冠军
成长记系列

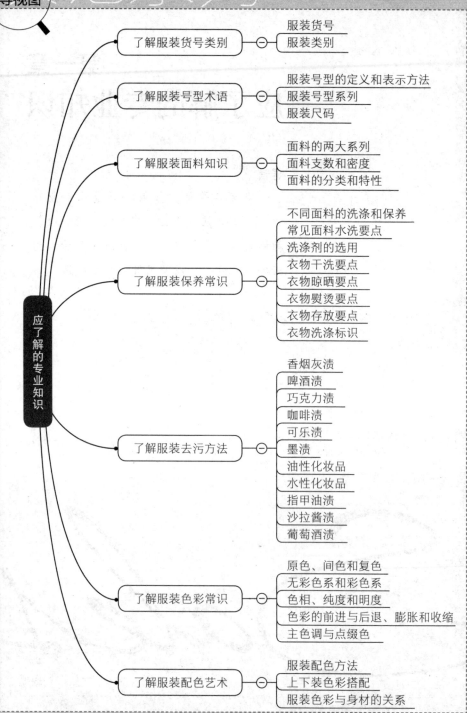

应了解的专业知识

了解服装货号类别 ─○ 服装货号
服装类别

了解服装号型术语 ─○ 服装号型的定义和表示方法
服装号型系列
服装尺码

了解服装面料知识 ─○ 面料的两大系列
面料支数和密度
面料的分类和特性

了解服装保养常识 ─○ 不同面料的洗涤和保养
常见面料水洗要点
洗涤剂的选用
衣物干洗要点
衣物晾晒要点
衣物熨烫要点
衣物存放要点
衣物洗涤标识

了解服装去污方法 ─○ 香烟灰渍
啤酒渍
巧克力渍
咖啡渍
可乐渍
墨渍
油性化妆品
水性化妆品
指甲油渍
沙拉酱渍
葡萄酒渍

了解服装色彩常识 ─○ 原色、间色和复色
无彩色系和彩色系
色相、纯度和明度
色彩的前进与后退、膨胀和收缩
主色调与点缀色

了解服装配色艺术 ─○ 服装配色方法
上下装色彩搭配
服装色彩与身材的关系

# 了解服装货号类别

【要而言之】▶▶

作为服装导购员，必须熟悉自己所销售服装品牌的货号知识和服装类别常识，便于商品整理与归类。

【详细解读】▶▶

## 一、服装货号

货号即商品编号，也叫款号，是商品的生产厂商对不同款、不同批次的商品所标记的唯一编号，每一款商品都应有一个唯一的货号。货号一般标在条码纸上，也有标在洗水标上的，一般根据年份、季节、类别、颜色等来编码。而不同企业会有不同的货号编码规则。

比如××服装设计公司款号对应编码规则构成表如下表所示。

**××服装设计公司款号对应编码规则构成表**

| 定义序号 | ① | ② | ③ | ④ | ⑤ | ⑥ | ⑦ | ⑧ | ⑨ | ⑩ |
|---|---|---|---|---|---|---|---|---|---|---|
| 对应定义 | 品牌 | 产品线 | 年份 | 季节 | 流水号 | 款式差异号 | 上市月份 | 上市顺序 | 品类 | 批次号 |
| 编码示例 | M | C | 1996 | 1 | 003 | 1 | 6 | 1 | TP | 0 |

如下图所示的就是该公司产品吊牌标识。

**产品合格证**

款　　号：MC8922630062PA0
品　　名：长裤　颜色：粉橙色（Y6）
号　　型：165/72A（L）
成　　分：面料　94.8% 聚酯纤维 5.4% 氯纶
　　　　　（亮线除外）
执行标准：Q/YC N001—2019
安全技术类别符合：GB 18401—2010 B 类
　　　　　　　直接接触皮肤的纺织产品
产品等级：合格品
生 产 地：深圳　　检验：01300

**产品吊牌标识**

## 二、服装类别

根据《国家纺织产品基本安全技术规范》（GB 18401—2010）标准，将服装产品按最终用途分成以下三类。

（1）A类：婴幼儿用品，指年龄在36个月以内的婴幼儿穿着或使用的纺织产品。

（2）B类：直接接触皮肤的产品，指在穿着或使用时，产品的大部分面积直接与人体皮肤接触的纺织产品。

（3）C类：非直接接触皮肤的产品，指在穿着或使用时，产品不直接与人体皮肤接触，或仅有小部分面积直接与人体皮肤接触的纺织产品。

 **情景再现**

### 你们店里的衣服颜色怎么这么亮

导购员："其实我们这款衣服的设计风格是要体现年轻、时尚的感觉，因此采用的颜色会偏亮一些，从您的气质和肤色来看，我觉得这款衣服可能比较适合您，您可以试穿看一下效果。"

导购员："这款衣服的颜色是亮了点，不过暗色和亮色各有各的好处……（介绍暗色和亮色的优点）。当然，如果您比较喜欢暗色的款式，我们也有几款可以介绍给您……"

# 了解服装号型术语

【要而言之】▶▶▶

服装号型定义是根据正常人体的规律和使用需要，选出最有代表性的部位，经合理归并设置的。男装、女装及童装的号型是不一样的，服装导购员要清楚并了解。

【详细解读】▶▶▶

## 一、服装号型的定义和表示方法

1.服装号型的定义

（1）"号"指人体的身高，以厘米为单位，是设计和选购服装长短的依据。

（2）"型"指人体的上体胸围或下体腰围，以厘米为单位，是设计和选购服装肥瘦的依据。

（3）体型是以人体的胸围与腰围的差数为依据来划分的人体类型。体型划分为四类。体型分类的代号和范围如下表所示。

**体型分类的代号和范围**　　　　　　　　单位：cm

| 体型分类的代号 | Y（健美） | A（标准） | B（稍胖） | C（肥胖） |
|---|---|---|---|---|
| 女体腰胸围之差值 | 22 ~ 17 | 16 ~ 12 | 11 ~ 7 | 6 ~ 2 |
| 男体腰胸围之差值 | 24 ~ 19 | 18 ~ 14 | 13 ~ 9 | 8 ~ 4 |

2.服装号型的表示方法

号与型之间用斜线分开，斜线前为号，斜线后为型，后接体型分类代号。如上装170/94B，其中"170"代表号，表示身高为170cm；"94"代表型，表示胸围为94cm;"B"代表体型稍胖。

## 二、服装号型系列

### 1.男装号型系列

根据《服装号型 男子》（GB/T 1335.1—2008）规定，男装号型系列以各体型中间体为中心，向两边依次递增或递减组成。

（1）身高以5cm分档组成系列。

（2）胸围以4cm分档组成系列。

（3）腰围以4cm、2cm分档组成系列。

（4）身高与胸围搭配组成5·4号型系列。

（5）身高与腰围搭配组成5·4和5·2号型系列。

### 2.女装号型系列

根据《服装号型 女子》（GB/T 1335.2—2008）规定，女装号型系列以各体型中间体为中心，向两边依次递增或递减组成。

（1）身高以5cm分档组成系列。

（2）胸围以4cm分档组成系列。

（3）腰围以4cm、2cm分档组成系列。

（4）身高与胸围搭配组成5·4号型系列。

（5）身高与腰围搭配组成5·4和5·2号型系列。

### 3.童装号型系列

《服装号型 儿童》（GB/T 1335.3—2009）规定如下。

（1）身高52～80cm的婴儿，身高以7cm分档，胸围以4cm分档，腰围以3cm分档，分别组成7·4和7·3系列。

（2）身高80～130cm的儿童，身高以10cm分档，胸围以4cm分档，腰围以3cm分档，分别组成10·4和10·3系列。

（3）身高135～155cm的女童和135～160cm的男童，身高以5cm分档，胸围以4cm分档，腰围以3cm分档，分别组成5·4和5·3系列。

## 三、服装尺码

根据我国相关国家标准，服装尺码都要用号型制来表示。我们常见的S、M、L（通常用在休闲服饰上），或27、28、29（通常用在裤子上），或44A、44B、46A（通常用在西服上）等标注方法，其实是不规范的，只是大家习惯了。

### 1.男装尺码

（1）男装标准尺码对照如下表所示。

**男装标准尺码对照**

| 上衣尺码 | S | M | L | XL | XXL | XXXL |
|---|---|---|---|---|---|---|
| 服装尺码 | 46 | 48 | 50 | 52 | 54 | 56 |
| 中国号型 | 165/80A | 170/84A | 175/88A | 180/92A | 185/96A | 190/100A |
| 胸围 /cm | 82 ~ 85 | 86 ~ 89 | 90 ~ 93 | 94 ~ 97 | 98 ~ 102 | 103 ~ 107 |
| 腰围 /cm | 72 ~ 75 | 76 ~ 79 | 80 ~ 84 | 85 ~ 88 | 89 ~ 92 | 93 ~ 96 |
| 肩宽 /cm | 42 | 44 | 46 | 48 | 50 | 52 |
| 适合身高 /cm | 163 ~ 167 | 168 ~ 172 | 173 ~ 177 | 178 ~ 182 | 182 ~ 187 | 187 ~ 190 |

（2）男衬衫尺码对照如下表所示。

**男衬衫尺码对照表**

| 衬衫尺码 | 37 | 38 | 39 | 40 | 41 | 42 | 43 |
|---|---|---|---|---|---|---|---|
| 国际型号 | 160/80A | 165/84A | 170/88A | 175/92A | 180/96A | 180/100A | 185/104A |
| 肩宽 /cm | 42 ~ 43 | 44 ~ 45 | 46 ~ 47 | 47 ~ 48 | 49 ~ 50 | 51 ~ 52 | 53 ~ 54 |
| 胸围 /cm | 98 ~ 101 | 102 ~ 105 | 106 ~ 109 | 110 ~ 113 | 114 ~ 117 | 118 ~ 121 | 122 ~ 125 |
| 衣长 /cm | 72 | 74 | 76 | 78 | 80 | 82 | 84 |
| 身高 /cm | 160 | 165 | 170 | 175 | 180 | 185 | 190 |
| 上衣尺码 | XS | S | M | L | XL | XXL | XXXL |

（3）男西装尺码对照表如下表所示。

**男西装尺码对照表**

| 尺码 | 规格 | 板型 | 衣长 /cm | 胸围 /cm | 肩宽 /cm | 袖长 /cm |
|------|------|------|---------|---------|---------|---------|
| 2R48 | 165/96C | 偏胖 | 70 | 106 | 44.7 | 60 |
| 2R50 | 170/100C | 偏胖 | 72 | 110 | 45.9 | 61.5 |
| 2R52 | 175/104C | 偏胖 | 74 | 114 | 47.1 | 63 |
| 2R54 | 180/108C | 偏胖 | 76 | 118 | 48.3 | 64.5 |
| 2R56 | 185/112C | 偏胖 | 78 | 122 | 49.5 | 66 |
| 4R46 | 165/92B | 标准 | 70 | 102 | 43.5 | 60 |
| 4R48 | 170/96B | 标准 | 72 | 106 | 44.7 | 61.5 |
| 4R50 | 175/100B | 标准 | 74 | 110 | 45.9 | 63 |
| 4R52 | 180/104B | 标准 | 76 | 114 | 47.1 | 64.5 |
| 4R54 | 185/108B | 标准 | 78 | 118 | 48.3 | 66 |
| 6R44 | 165/88A | 偏瘦 | 70 | 98 | 42.3 | 60 |
| 6R46 | 170/92A | 偏瘦 | 72 | 102 | 43.5 | 61.5 |
| 6R48 | 175/96A | 偏瘦 | 74 | 106 | 44.7 | 63 |
| 6R50 | 180/100A | 偏瘦 | 76 | 110 | 45.9 | 64.5 |
| 6R52 | 185/104A | 偏瘦 | 78 | 114 | 47.1 | 66 |

（4）男裤尺码对照表如下表所示。

**男裤尺码对照表**

| 男裤尺码 | S | | M | | L | |
|---------|-----------|-----------|-----------|-----------|-----------|-----------|
| | 170/72A | 170/74A | 170/76A | 175/80A | 175/82A | 175/84A |
| 裤子尺码 /in | 29 | 30 | 31 | 32 | 33 | 34 |
| 对应臀围 /cm | 97.5 | 100 | 102.5 | 105 | 107.5 | 110 |
| 对应腰围 /cm | 73.7 | 76.2 | 78.7 | 81.3 | 83.8 | 86.4 |
| 腰围（市尺） | 2尺2寸 | 2尺3寸 | 2尺4寸 | 2尺2寸 | 2尺5寸 | 2尺6寸 |

续表

| 男裤尺码 | XL | | XXL | | XXXL | |
|---|---|---|---|---|---|---|
| | 180/86A | 180/90A | 185/92A | 185/94B | 190/98B | 195/102B |
| 裤子尺码 /in | 35 | 36 | 37 | 38 | 40 | 42 |
| 对应臀围 /cm | 112.5 | 115 | 117.5 | 120 | 122.5 | 130 |
| 对应腰围 /cm | 89 | 91.4 | 93.5 | 96.5 | 101.6 | 106.6 |
| 腰围（市尺） | 2尺6寸 | 2尺7寸 | 2尺8寸 | 2尺9寸 | 3尺1寸 | 3尺2寸 |

### 2.女装尺码

（1）女装标准尺码对照表如下表所示。

**女装标准尺码对照表**

| 上衣尺码 | S | M | L | XL | XXL | XXXL |
|---|---|---|---|---|---|---|
| 服装尺码 | 36 | 38 | 40 | 42 | 44 | 46 |
| 胸围 /cm | 79 ~ 82 | 83 ~ 86 | 87 ~ 90 | 91 ~ 94 | 95 ~ 98 | 99 ~ 103 |
| 腰围 /cm | 62 ~ 66 | 67 ~ 70 | 71 ~ 74 | 75 ~ 78 | 79 ~ 82 | 83 ~ 86 |
| 肩宽 /cm | 37 | 38 | 39 | 40 | 41 | 42 |
| 身高 / 胸围 | 155/82A | 160/86A | 165/90A | 170/94A | 172/98A | 175/102A |

（2）女衬衫标准尺码对照表如下表所示。

**女衬衫标准尺码对照表**

| 衬衫尺码 | S | M | L | XL | XXL | XXXL |
|---|---|---|---|---|---|---|
| 服装尺码 | 36 | 37 | 38 | 39 | 40 | 41 |
| 胸围 /cm | 79 ~ 82 | 83 ~ 86 | 87 ~ 90 | 91 ~ 94 | 95 ~ 98 | 99 ~ 103 |
| 腰围 /cm | 62 ~ 66 | 67 ~ 70 | 71 ~ 74 | 75 ~ 78 | 79 ~ 82 | 83 ~ 86 |
| 肩宽 /cm | 37 | 38 | 39 | 40 | 41 | 42 |
| 身高 / 胸围 | 155/82A | 160/86A | 165/90A | 170/94A | 172/98A | 175/102A |

（3）连衣裙尺码对照表如下表所示。

**连衣裙尺码对照表**

| 裙子尺码 | S | M | L | XL | XXL |
|---|---|---|---|---|---|
| 服装尺码 | 36 | 38 | 40 | 42 | 44 |
| 胸围 /cm | 79 ~ 82 | 83 ~ 86 | 87 ~ 90 | 91 ~ 94 | 95 ~ 98 |
| 腰围 /cm | 62 ~ 66 | 67 ~ 70 | 71 ~ 74 | 75 ~ 78 | 79 ~ 82 |
| 肩宽 /cm | 37 | 38 | 39 | 40 | 41 |
| 身高 / 胸围 | 155/82A | 160/86A | 165/90A | 170/94A | 172/98A |

（4）女裤尺码对照表如下表所示。

**女裤尺码对照表**

| 女裤尺码 | S | | M | | L | | XL | |
|---|---|---|---|---|---|---|---|---|
| 裤子尺码 /in | 25 | 26 | 27 | 28 | 29 | 30 | 31 | 32 |
| 国标号型 | 155/62A | 159/64A | 160/66A | 164/68A | 165/70A | 169/72A | 170/74A | 170/76A |
| 对应臀围 /cm | 85 | 87.5 | 90 | 92.5 | 95 | 97.5 | 100 | 102.5 |
| 对应腰围 /cm | 62 | 64.5 | 67 | 69.5 | 72 | 74.5 | 77 | 79.5 |

### 3.童装尺码

儿童服装的尺码表示方式，常见的有以下几种。

（1）用年龄来表示，如1Y、2Y、3Y、4Y…

（2）用身高来表示，如80cm、90cm、100cm、110cm…

（3）用号数来表示，如1#、2#、3#、4#…

不同的童装品牌会用不同的尺码表示方式。下面提供一份童装尺码与儿童年龄、身高、胸围对照表，仅供参考。

**童装尺码对照表**

| 标准 | 尺码 | 年龄 / 岁 | 适合身高 /cm | 胸围 /cm | 腰围 /cm |
|---|---|---|---|---|---|
| 尺码明细 | 56 | 0 ~ 0.3 | 52 ~ 59 | 40 | 40 |
| | 65 | 0.3 ~ 0.6 | 59 ~ 73 | 44 | 43 |
| | 75 | 0.6 ~ 1 | 73 ~ 75 | 48 | 48 |
| | 80 | 1 ~ 2 | 75 ~ 85 | 50 | 49 |
| | 90 | 2 ~ 3 | 85 ~ 95 | 52 | 50 |
| | 100 | 3 ~ 4 | 95 ~ 105 | 54 | 51 |
| | 110 | 4 ~ 5 | 105 ~ 115 | 57 | 52 |
| | 120 | 6 ~ 7 | 115 ~ 125 | 60 | 54 |
| | 130 | 8 ~ 9 | 125 ~ 135 | 64 | 57 |
| | 140 | 10 ~ 11 | 135 ~ 145 | 68 | 61 |
| | 150 | 12 ~ 13 | 145 ~ 155 | 72 | 64 |
| | 160 | 14 ~ 15 | 155 ~ 165 | 76 | 66 |

**销售语录**

一个面带诚挚而热情笑容的人，所到之处莫不受到欢迎，而愁容满面的人，则四处碰壁。

# 了解服装面料知识

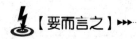

作为服装导购员，必须对服装面料知识有所了解，这样在向顾客介绍时，就可以显得更加专业，从而赢得顾客的信任。

【详细解读】▶▶▶

## 一、面料的两大系列

服装以面料制作而成，面料就是用来制作服装的材料。作为服装三要素之一，面料不仅可以诠释服装的风格和特性，而且直接左右着服装的色彩、造型的表现效果。

面料一般可分为以下两大系列。

### 1.针织类

针织类是由一根或一组纱线在针织机上按照一定的规律形成线圈，并将线圈相互串结而成的织物，如T恤、保暖内衣等。织物富有弹性，布面手感柔软，舒服适体。

### 2.梭织类

梭织类是指采用经、纬两组纱线相交织造而成的织物，如西服面料、休闲裤面料等。织物具有结构稳定、布面平整、坚实耐穿、外观挺括等特点。

## 二、面料支数和密度

### 1.面料支数

面料支数是纱线表示的一种方式，通常以"定重制"（此计算方法又分为公制支数和英制支数两种）中的英制支数（$S$）表示，即在公定回潮率条件下（8.5%），质量为1lb（1lb=0.45kg，下同）的细纱中，有多少个每绞长度为840码的绞纱，即为多少支数。

支数与纱的长度和质量有关。比如，1g棉花做成30根长度为1m的纱，那就是30支；1g棉花做成40根长度为1m的纱，那就是40支；1g棉花做成60根长度为1m的纱，那就是60支。所以纱的支数越高，纱就越细，织出的布就越薄，布相对越柔软舒适。

### 2.面料密度

密度是指1in²（1in=2.54cm，下同）中排列的经纱和纬纱的根数，称为经纬密度。一般用"经纱数 × 纬纱数"表示。常见的几种密度如110×90、128×68、65×78、133×73，说明每平方英寸经纱分别为110根、128根、65根、133根；纬纱分别为90根、68根、78根、73根。一般来说，高支是高密的前提。

并不是支数越高越好，但高支面料其价格往往会更高，在密度相同的情况下支数越高越好。选择多少支数的面料取决于织物的用途，并没有支数低的面料品质就不好的说法。

小提示

## 三、面料的分类和特性

用于纺织业的材料主要有天然纤维、化学纤维、混纺纤维、再生纤维、非纺织纤维五大类，而每大类里又有多种面料可用于制作服装。

### 1.天然纤维

天然纤维是自然界原有的或经人工培植的植物上、人工饲养的动物上直接取得的纺织纤维，是纺织工业的重要材料来源。天然纤维的种类很多，长期大量用于纺织的有棉、毛、丝、麻四种，其特性如下表所示。

**天然纤维面料的特性**

| 面料类别 | | 工艺特征 | 面料特性 |
|---|---|---|---|
| 棉 | 精纺高密支系列 | 以高支精纺纱高密织制为主导，逐步朝长绒棉方向发展，经烧毛、丝光、活性染色及后整理加工而成 | 挺括、滑爽、弹性好，有天然纤维的优质触感，穿着柔软、舒适，经丝光或树脂整理后有较好的抗皱性能 |
| | 棉绒布系列 | 采用高档优质长绒棉为原料，经精梳纺纱加工，采用斜纹、双层、复合组织、提花等结构织造而成。再经退浆（烧毛、丝光）、磨毛（抓毛、拉绒）、活性染色和特殊后整理加工而成 | 蓬松保暖、绒茸感强，弹性佳，吸湿透气，光泽柔和，品质高档 |
| | 棉水洗系列 | 以棉为主的系列高档面料，经水洗处理，分面料水洗和成衣水洗，依据面料成分的不同及风格要求而采取不同的水洗方法，有普洗、酵洗、免烫等 | 有特殊的水洗风格效果，表面有自然的石头纹理，手感柔软，富有弹性，缩水稳定 |
| 毛 | 精纺毛料 | 采用高支精纺色纱，经高密织造和精湛的后整理工艺加工而成 | 具有毛特有的蓬松、保暖以及优良的弹性和悬垂性，面料高档优雅、色彩美观、光泽自然，色牢度好，质轻抗皱、手感柔软、有身骨、弹性优良、平整挺括、防污抗静电 |
| | 粗纺毛料 | 采用粗纺毛纱经织造及缩绒、梳绒、剪毛、蒸呢等复杂的后整理工艺加工而成 | 厚实饱满，富有弹性，保暖性极佳。毛绒均匀细密，层次分明，触感优良，光泽柔和 |
| 丝 | _丝_ | 以桑蚕丝为原料，将若干根茧丝抱合胶着缫制成长丝，又称真丝。桑蚕丝从栽桑养蚕至缫丝织绸的生产过程中未受到污染，因此是世界推崇的绿色产品 | 桑蚕丝素有"纤维皇后"的美誉，具有飘逸滑爽、轻柔透气、高雅华丽、色彩鲜艳、光彩夺目以及吸湿性、透气性优良和良好悬垂性等优良特性。同时，具有护肤保健、预防皮肤过敏瘙痒的功效 |

续表

| 面料类别 | 工艺特征 | 面料特性 |
|---|---|---|
| 麻 | 在 定的张力下经烧碱丝光处理而成 | 被誉为凉爽高贵的纤维。麻织物强度高，导热性、吸湿性优良，出汗后不粘身。面料防虫、色牢度好。透气性优良。面料立体感强，风格粗犷 |

## 2.化学纤维

化学纤维是用天然高分子化合物或人工合成的高分子化合物为原料，经过制备纺丝原液、纺丝和后处理等工序制得的具有纺织性能的纤维。常见的有下表所示的几种。

**化学纤维面料的特性**

| 面料类别 | 工艺特征 | 面料特性 |
|---|---|---|
| 腈纶 | 通常是指用85%以上的丙烯腈与第二和第三单体的共聚物，经湿法纺丝或干法纺丝制得的合成纤维 | 弹性好、强度高、保暖好、热弹性好，可制作蓬松感强、毛型感强的膨体纱。化学稳定性好，纤维柔软蓬松。但尺寸稳定性、耐磨性较差，易起球 |
| 氨纶 | 学名为聚氨基甲酸酯纤维，也叫聚氨酯弹性纤维，是以聚氨基甲酸酯为主要成分[由至少85%（质量分数）的聚氨酯链段组成]的一种由嵌段共聚物制成的纤维，英文简称PU | 又名莱卡，具有独特的高伸长、高弹性，可伸长4.5～8倍。具有较好的耐酸、耐碱性。但耐光、耐磨性、吸湿性差，用于纺织有弹性的织物 |
| 涤纶 | 又名聚酯纤维，是由有机二元酸和二元醇缩聚而成的聚酯经纺丝所得的合成纤维，简称PET纤维，属于高分子化合物 | 弹性好、强度高、挺括、不易起皱、耐磨、保暖。但吸湿差、不透气、染色难、易起静电 |
| 锦纶 | 学名为聚酰胺纤维，又称尼龙，英文简称PA。聚酰胺可由二元胺和二元酸制取，也可以用 $\omega$-氨基酸或环内酰胺来合成 | 强度高、挺括、不易起皱、耐磨、抗风、防水。但吸湿差、易起静电，怕火 |

### 3.混纺纤维

混纺即混纺化纤织物，是化学纤维与其他棉、毛、丝、麻等天然纤维混合纺纱织成的纺织产品，既有涤纶的风格又有棉织物的长处。常见的有下表所示的几种。

**混纺纤维面料的特性**

| 面料类别 | 工艺特征 | 面料特性 |
|---|---|---|
| 涤棉 | 指涤纶与棉的混纺织物的统称，采用65%～67%的涤纶和33%～35%的棉花混纺纱线织成的纺织品，俗称"的确良"，是制作衣物的常见材料 | 手感挺括、爽滑，色泽鲜艳，富有身骨和弹性，表面光洁。有一定的防雨水功能，既有涤纶良好的抗皱性，又有棉的舒适透气性 |
| 锦棉 | 由锦纶丝和纯棉纱在喷气织机上交织而成，是制作休闲装和时装的理想用料 | 细密光洁，柔软滑爽，同时具有较好的尺寸稳定性，弹性好，强度高，重量轻，耐磨、吸湿、透气性优良，有防雨水功能 |
| 涤棉锦 | 也称TNC面料，采用超级纤维（锦纶、涤纶）与高支棉纱复合，即三合一复合纤维织的流行面料 | 该面料综合发挥了涤纶、锦纶、棉纱三种纤维的特色，集三种纤维的优点于一身，耐磨性好，弹性恢复率好，强度好，手感细腻滑爽，舒适透气，风格新颖、别致，是理想的服装面料 |
| 复合面料 | 采用超细纤维通过特定的纺织加工和独特的染色整理，然后经"复合"设备加工而成 | 厚实、防风、透气，具备一定的防水功能，保暖性好；耐磨性好；手感柔软、透气、透湿；但抗皱性差 |

**小提示**

混纺织物的命名原则为，混纺比大的在前，混纺比小的在后；混纺比相同的，天然纤维在前，合成纤维在后，人造纤维在最后。

### 4.再生纤维

再生纤维又叫人造丝，是将稻草、树皮等纤维素经溶解后纺丝而成。常见的有下表所示的几种。

## 再生纤维面料的特性

| 面料类别 | 工艺特征 | 面料特性 |
|---|---|---|
| 黏胶纤维 | 以天然纤维（木纤维、棉短绒）为原料，经碱化、老化、磺化等工序制成可溶性纤维素黄原酸酯，再溶于稀碱液制成黏胶，经湿法纺丝而制成 | 手感特别柔软，具有丝般光泽，染色性能好，色牢度高，密度大，悬垂性好，吸湿性好，穿着凉爽，不易产生静电；弹性较差，易起皱；不耐水洗，长时间水洗易出现掉毛、起球和缩水的现象 |
| 醋酯纤维 | 是由纤维素醋酸酯纺制成的纤维，在醋酯纤维中，纤维素环上的羟基大部分或全部被乙酰化 | 有丝绸的风格，穿着轻便舒适，有良好的弹性和回弹性。面料柔软、悬垂性优良。光泽优良，不易湿，不易沾污，不易起球 |
| 铜氨纤维 | 将棉短绒等天然纤维素原料溶解在氢氧化铜或碱性铜盐的浓氨溶液内，配成纺丝液，在凝固浴中含铜氨纤维素分子的化学物质分解再生出纤维素，生成的水合纤维素经后加工即得到铜氨纤维 | 由铜氨纤维制作成的面料，具有透气性、吸湿性、抗静电性、悬垂性这四大特点，质感爽顺，更接近丝绸；光泽柔和，上色牢度好；但不耐热，不耐酸碱 |
| 天丝 | 以针叶树为主的木浆、水和溶剂氧化胺混合，加热至完全溶解，在溶解过程中不会产生任何衍生物和化学作用，经除杂而直接纺丝 | 一种环保型纤维，天丝面料湿强度高，有良好的尺寸稳定性和吸湿性，面料色泽鲜艳，手感柔顺滑糯，具有天然纤维的舒适性。但是它在湿热的条件下容易变硬 |
| 莫代尔 | 采用欧洲的榉木，先将其制成木浆，再通过专门的纺丝工艺加工成纤维 | 具有棉的柔软、丝的光泽、麻的滑爽，所以它号称"人的第二皮肤"。与棉混纺可达到丝般的光泽，面料有柔软的触摸感、悬垂性良好。经久耐穿，是一种绿色环保型纤维。价格介于天丝和普通黏胶纤维之间 |
| 恩卡丝 | 通过优质松木脂提炼，经特纺丝工艺加工而成，显透明的蜡黄色 | 有真丝的光泽，湿强度高，吸湿散热性能优良。穿着冰凉滑爽，动感飘逸 |
| 竹纤维 | 以天然竹子为原料，经化学方法提炼而成，属于绿色环保型纤维 | 抗菌、防霉、抗紫外线。有优良的悬垂性，多微孔结构。吸湿性、导热性极好。尺寸稳定、色泽艳丽、抗静电。手感细腻、轻薄、柔糯 |

### 5.非纺织纤维

常见的非纺织纤维面料有下表所示的两种。

**非纺织纤维面料的特性**

| 面料类别 | 工艺特征 | 面料特性 |
|---|---|---|
| 真皮面料 | 主要由动物的皮加工而成 | 有良好的挡风雨、防水、防污功能。面料高档、挺括,有特殊质感和发泡手感,优良回弹,吸湿透气性是仿皮所无法比拟的 |
| 仿皮面料 | 经优质基布与高档 PU 胶复合或涂层加工而成 | 有真皮的质感,柔软滑糯,富有弹性,光泽柔和,免烫性优良,抗老化,经久耐穿,具有良好的挡风雨、防水、防污功能 |

 **情景再现**

#### 如何应对顾客质疑衣服面料

**情景一:顾客担心衣服会缩水**

顾客:"我很喜欢这款纯棉的衣服,但是担心会褪色、缩水或起球。"

导购员:"先生,我们的衣服是经过缩水、定型和抗起球处理的,只要按照正确的方法来穿着和保养,是不会出现这些问题的。而且我们的纯棉衣服已经销售上千件了,到目前为止还没有顾客反馈这些问题,所以您不用过多担心。"(成交后,告知顾客正确的穿着、洗涤和保养知识)

**情景二:顾客担心衣服会褪色**

顾客:"你们这款衣服会不会褪色?"

导购员:(确实质量好的)这点您大可放心,这个品牌的衣服面料都经过水洗测定,只有达到国家一级色牢度标准才投入生产,因此这个品牌的忠实顾客特别多,口碑也很好!

导购员:"(拿不准的)这点我正要跟您说,这款面料……(优点,如说穿起来舒适、大方)。不过在打理上应注意几点:一是……二是……"

# 了解服装保养常识

## 【要而言之】▶▶

不同的面料，其洗涤和保养方法也不一样，服装导购员应了解并掌握常见面料的洗涤和保养方法，以便给顾客做正确的指导。

## 【详细解读】▶▶

### 一、不同面料的洗涤和保养

不同面料其洗涤和保养方法也不一样，具体如下表所示。

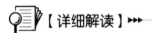

**不同面料的洗涤和保养方法**

| 序号 | 面料类别 | 洗涤和保养方法 |
|---|---|---|
| 1 | 棉 | 水温最高30℃，手洗时请将洗涤剂充分溶解后，再放入衣物，浸泡时间不超过30min，请勿使用漂白剂；深浅色分开洗涤；低温蒸汽熨烫，烫时最好在织物上垫一块湿布，以免熨后反光发亮或造成泛色现象；适宜阴干，不可拧干，避免阳光暴晒，注意防潮防霉 |
| 2 | 毛 | 精纺毛料适宜干洗。如用水洗时，先用冷水浸泡15min，然后用丝毛洗涤剂洗涤，洗液温度不宜超过30℃，可轻拧干，不可暴晒、不宜烘干，以免因热生皱。西服类只可干洗，粗纺毛料只能干洗 |
| 3 | 丝 | 水温在30℃以下，中性洗涤剂，随浸随洗，不可浸泡，不可机洗。只可轻轻揉洗，不可氯漂。在阴凉通风处晾干，不可拧干，针织类只可平摊晾干。避光折叠存放，注意防蛀 |
| 4 | 腈纶 | 避免刮刺及用力摩擦。平铺晾晒。洗涤水温在30℃以下。避免水温过高导致织物变形 |

续表

| 序号 | 面料类别 | 洗涤和保养方法 |
|---|---|---|
| 5 | 氨纶 | 避免暴晒及用力摩擦。洗涤水温在30℃以下，避免水温过高导致织物变形，应平铺晾晒 |
| 6 | 涤纶 | 先用冷水浸泡15min，然后用一般合成洗涤剂洗涤，洗液温度不宜超过45℃。领口、袖口较脏处可用毛刷刷洗。洗后，漂洗净，可轻拧绞，置阴凉通风处晾干，不可暴晒，不宜烘干，以免因热生皱 |
| 7 | 锦纶 | 在冷水中浸泡15min，然后用一般洗涤剂洗涤（含碱多少不论）。洗液温度不宜超过45℃。洗后通风阴干 |
| 8 | 涤棉 | 30℃以下水洗，水洗浸泡时间不超过30min，深浅色分开洗涤。磨毛类不可刷洗，不可粘贴黏性物质如标签等 |
| 9 | 锦棉 | 30℃以下水洗，水洗浸泡时间不超过30min，单独洗涤，洗涤后适当挤出水分防止衣物变形，避光、平放保存，磨毛类不可刷洗，不可粘贴黏性物质如标签等 |
| 10 | 涤棉锦 | 小心干洗，不可拧干，应阴干或反面晾干，禁止暴晒 |
| 11 | 复合面料 | 含棉涤的面料应注意水洗或淋湿后应及时熨烫干，含锦纶的面料需避光保存。30℃以下水洗，水洗浸泡时间不超过30min |
| 12 | 黏胶纤维 | 水洗时要随浸随洗，黏胶纤维织物遇水会发硬，洗涤时要轻洗，以免起毛或裂口。用中性洗涤剂或低碱洗涤剂。洗涤液温度不能超过45℃。切忌拧绞，忌暴晒 |
| 13 | 醋酯纤维 | 色牢度差，深浅色分开洗涤，不宜水洗，适宜干洗 |
| 14 | 铜氨纤维 | 耐碱性较差，适宜用中性或酸性洗涤剂洗涤 |
| 15 | 天丝 | 手洗、机洗、干洗皆可，柔软、不会变形。但不可使用漂白剂，适宜阴干，不可拧干 |
| 16 | 莫代尔 | 手洗、机洗、干洗皆可，柔软、不会变形 |
| 17 | 恩卡丝 | 轻柔手洗，不宜干洗 |
| 18 | 竹纤维 | 手洗、机洗、干洗皆可，柔软、不会变形 |
| 19 | 真皮面料 | 不可水洗、干洗，只能用湿布轻轻擦洗，不可熨烫、烘干，不可接触尖硬物，避免剧烈摩擦。不可接触明火，不可粘贴黏性物，不可接触化学品。不可折叠包装，必要时送专业性强的干洗店护理 |
| 20 | 仿皮面料 | 不可机洗，不可重搓，不可烘干，不可接触尖硬物，避免剧烈摩擦。不可接触明火，不可粘贴黏性物。熨烫温度在110℃以下，织物上垫布，蒸汽熨烫，洗后反面朝外晾干 |

## 二、常见面料水洗要点

水洗时水温一般宜控制在30℃以内，浸泡时间不超过30min。

（1）棉、麻衣料：深浅色分开洗涤，深色衣料不可浸泡太久，以下面料需特别注意。

①纯棉泡泡纱面料：不可刷洗。

②牛仔休闲面料：最好机洗，不可刷洗。

③麻纤维面料：不可猛搓及用力拧绞。

（2）毛绒复合类面料：水洗浸泡时间不超过5min，不可机洗，只可轻揉，不可重搓。

（3）毛料：一般需干洗，除西服外水洗亦可，但须先用冷水浸泡15min，然后用丝毛洗涤剂洗涤。

（4）丝织面料：轻揉手洗，随浸随洗，不可机洗，不可重搓。

（5）化纤面料：水洗温度30～40℃，经树脂整理的面料水温度应该控制在30℃以下，力度要小，不可拧绞，不可猛地提出水面。

（6）混纺衣料：衣料中哪种纤维面料占比大，即按哪种面料的洗涤方法进行洗涤，如比例差不多，一般按照动物纤维、不可再生化学纤维、可再生化学纤维、植物纤维的顺序决定洗涤方法。

## 三、洗涤剂的选用

（1）肥皂的碱性大，适用于洗涤棉麻类织物，不适用于洗涤丝、毛植物。

（2）皂片呈弱碱性，可洗涤丝、毛类织物，但要做浸酸处理（将洗好的衣物浸泡在含3%食用白醋的冷水中约3min，然后清洗）。

（3）洗衣粉的碱性大，适用于洗涤棉、麻、化纤类织物，一般不适用于丝、毛类织物。

（4）衣用液体洗涤剂，适合洗涤棉、麻及化纤织物。

（5）丝毛液体洗涤剂属中性，适合洗涤丝、毛类织物。

## 四、衣物干洗要点

（1）干洗尤其适用于水洗后易变形、褪色、损伤的衣物，如西服、大衣、羊绒服装、羊毛套装、薄丝服装、皮革服装等。

（2）拼插真、仿皮类衣物干洗时应用密度高的软布将真皮缝包好。

## 五、衣物晾晒要点

（1）纯棉、涤棉、棉绒布、皮革系列面料（须反面朝外晾干）以及精纺仿毛类面料、桑蚕丝面料适宜在通风处阴干，不宜暴晒或烘干。

（2）质地较轻、不易变形的服装可以衣架撑挂，厚重服装要选择承重大的衣架。易变形的衣服，如羊毛衫等，应装入网袋平摊或半干后再悬挂。

## 六、衣物熨烫要点

（1）大部分织物熨烫时均应加一定的湿度，以使定型效果更明显，加湿方法有直接喷水、垫湿布或采用蒸汽熨斗。

（2）厚重面料，有明显褶皱，表面有平整、光亮和定型要求的部分压力要大，轻薄丝绸面料压力要小，绒面面料最好采用蒸汽熨烫。

（3）一般熨烫时熨斗在服装表面不断摩擦移动，停留时间为0.2～0.3s，同一部位移动时间一般为3～5s，可根据具体情况灵活掌握。

（4）仿皮类及全涤面料须垫布小心熨烫，真丝面料须均匀洒水，从反面熨烫。

## 七、衣物存放要点

（1）天然纤维面料如棉、麻、毛、丝织物等及其他混纺纤维，要注意防霉，应存放于干爽处，其容易成为害虫的食物，需定期使用驱虫剂。

（2）对保型有特别要求的服装，如西服、大衣、皮衣，以及易变形的服装，如羊毛衫，应用衣架挂放。

（3）深色衣服和浅色衣服应分开存放，应用白纸或白布隔离。

（4）毛绒复合类面料：不可粘贴黏性物质和标签等，不穿时采用宽型衣架挂装保存。

（5）皮革：不可接触明火，不可粘贴黏性物，不可接触尖硬物，避免剧烈摩擦。

（6）丝绒、长毛绒衣物和高级毛料衣物放置时，应将衣物翻过来使里面朝外，以防色泽受影响。

## 八、衣物洗涤标识

服装销售时，常附有各种洗涤标识，说明洗涤时用什么洗涤剂及洗涤、熨烫方法等，其目的是让消费者根据衣物性能合理地进行使用和保管，以期达到较长使用寿命的目的。

### 1.水洗标识

符号为洗涤槽，包括手洗和机洗。

不带"℃"的数字为允许的最高洗涤温度，分别为95℃、70℃、60℃、50℃、40℃、30℃。在美国，用点表示水洗温度：四个点表示很高的温度，最高60℃；三个点表示高温，最高50℃；两个点表示中温，最高40℃；一个点表示低温，最高30℃，最低20℃。

一条横线表示缓和处理，两条横线表示非常缓和处理。

常见的水洗标识如下图所示。

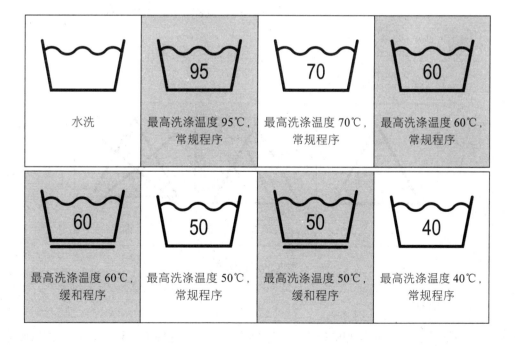

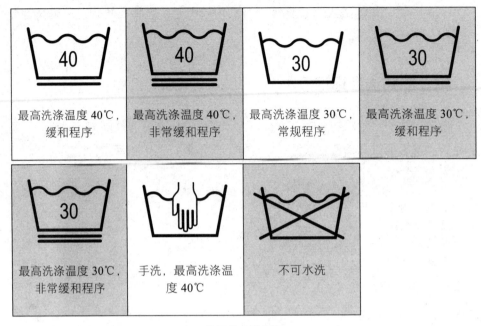

**常见的水洗标识**

### 2. 漂白标识

符号为三角形或等边三角形。漂白原先叫氯漂（指仅含氯漂白），漂白使用氯漂剂或氧漂/非氯漂白剂。

符号上叠加的叉号"×"表示不允许的处理。

常见的漂白标识如下图所示。

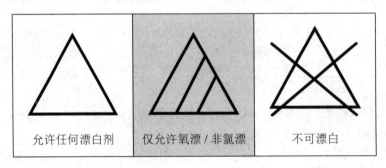

**常见的漂白标识**

### 3. 干燥标识

干燥分为自然干燥和翻转干燥。自然干燥分为悬挂晾干、悬挂滴干、平摊晾干、平摊滴干。

（1）自然干燥。竖线表示悬挂晾干，横线表示平摊晾干，左上角一条斜线表示在阴凉处晾干。

常见的自然干燥标识如下图所示。

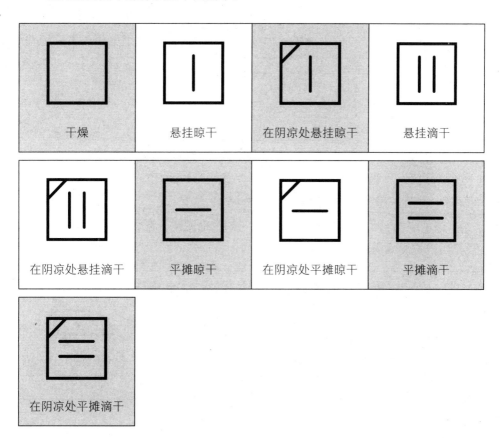

**常见的自然干燥标识**

（2）翻转干燥。正方形里的圆表示翻转干燥。翻转干燥也叫转笼翻干燥，俗称烘干。

圆点表示所允许的最高温度，一个圆点为较低温度（60℃），两个圆为常规温度（80℃）。

符号上叠加的叉号"×"表示不允许的处理。

常见的翻转干燥标识如下图所示。

| 可使用翻转干燥，常规温度（排气口最高温度80℃） | 可使用翻转干燥，较低温度（排气口最高温度60℃） | 不可翻转干燥 |
|---|---|---|

**常见的翻转干燥标识**

### 4.熨烫标识

符号为熨斗。熨烫可以带蒸汽或不带蒸汽。圆点表示熨斗底板的最高温度，一个圆点为110℃，两个圆点为150℃，三个圆点为200℃。

符号上叠加的叉号"×"表示不允许的处理。

除了熨烫符号外可能会带有补充说明，如反面熨烫、湿熨烫等。

常见的熨烫标识如下图所示。

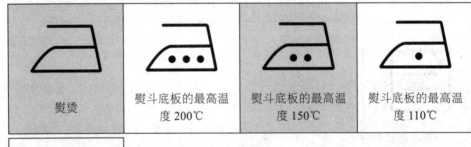

| 熨烫 | 熨斗底板的最高温度200℃ | 熨斗底板的最高温度150℃ | 熨斗底板的最高温度110℃ |
|---|---|---|---|

不可熨烫

**常见的熨烫标识**

### 5.专业纺织品维护标识

符号为圆圈或圆形，包括专业干洗和专业湿洗（不包括工业洗涤）。

一条横条表示缓和处理，两条横线表示非常缓和处理。

"F"表示使用烃类化合物溶剂，"P"表示使用四氯乙烯和烃类化合物溶剂，"W"表示专业湿洗。

符号上叠加的叉号"×"表示不允许的处理。

常见的专业纺织品维护标识如下图所示。

**常见的专业纺织品维护标识**

*销售员接近顾客的方式，往往决定自己在他们心目中的地位是"接单者"还是"建议者"。*

# 了解服装去污方法

【**要而言之**】▶▶▶

作为服装导购员，必须掌握各种污渍的洗涤方法，因为在与顾客的交流中，可能会涉及污渍洗涤，如果此时能全面准确地向顾客介绍，那么一定会让顾客体会到专业性，从而赢得顾客信赖。

【**详细解读**】▶▶▶

## 一、香烟灰渍

（1）将一勺洗洁精和两杯冷水混合。

（2）用一块干净的布，蘸取清洁溶液轻轻擦拭污渍。

（3）用一块干布吸干污渍处的溶液，如此反复，直到污渍消失。

## 二、啤酒渍

（1）将衣服放在约1L水、半茶匙洗洁精和一汤匙白醋的混合溶液中浸泡15min左右。

（2）用一块干净的海绵蘸取外用酒精，在污渍处由内而外轻轻擦拭。用干布吸干，并确认污渍去除程度。

## 三、巧克力渍

（1）用钝刀刮一下表面的污渍，然后用纸巾擦除。

（2）污渍处垫纸巾，并用洗洁精将其浸湿。等1min左右，再用纸巾或者干净的白布自上而下擦除。

## 四、咖啡渍

（1）将有咖啡渍的衣物放在约1升水、半茶匙洗洁精和一汤匙白醋的混合溶液中浸泡15min，去除并彻底漂洗。

（2）用一块干净的海绵，蘸取外用酒精从中间向四周轻轻擦拭残留污渍。

## 五、可乐渍

（1）先用纸巾尽可能吸干衣物上的可乐，然后用白醋溶液（白醋∶水＝1∶2）浸泡。在喷雾瓶中装满冷水喷到污渍处，并用纸巾将多余水分吸干。

（2）如果还有残留物，那么需要在污渍处滴少量的洗洁精和双氧水混合液（1/4茶匙洗洁精兑约1L水，再加两瓶盖双氧水）。用一块干净的白布轻柔擦拭污渍区，直到污渍完全消失。

## 六、墨渍

（1）从污渍背面，用凉水冲洗。

（2）把染上墨渍的衣服放在一条干净、干燥的毛巾上，并用海绵蘸取少量酒精，从背面擦拭污渍处，污渍便会吸附到毛巾上。

## 七、油性化妆品

用纸巾尽量擦掉化妆品，然后将洗洁精倒在污渍处，等待15min左右，用纸巾擦干。

## 八、水性化妆品

（1）将衣物放在1L温水、半茶匙洗洁精和1汤匙白醋的混合液中浸泡15min。

（2）如果仍有化妆品残留，则用一块干净的海绵蘸取外用酒精，在污渍处由中间向边缘轻轻擦拭。

## 九、指甲油渍

（1）在准备去掉指甲油前，确保指甲油是完全干的。

（2）用冰块擦拭指甲油以"冻住"残留物，用钝刀尽可能将残留物刮掉。

（3）在污渍背面滴上洗甲水，正面覆盖纸巾或其他吸水性比较好的材料加以保护。

这个方法只适用于棉、麻或牛仔、羊毛衫等；合成面料的不要用，洗甲水会腐蚀面料。

小提示

## 十、沙拉酱渍

（1）用纸巾轻轻擦拭污渍，尽可能多除去一些。

（2）在污渍上撒上一些小苏打，让其停留在表面上5min左右，然后轻轻吹走粉末——不要刷也不要揉，防止将污渍揉在面料里。

（3）用稀释的洗衣液预处理。

## 十一、葡萄酒渍

（1）将衣物放在约1L温水、半茶匙洗洁精和一汤匙白醋的混合液中，浸泡15min。

（2）用一块干净的海绵蘸取酒精和水的稀释液，从污渍中间开始向四周小心擦拭，动作幅度要小。

满意的顾客，是永久的面对面的广告。

销售语录

# 了解服装色彩常识

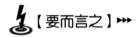【要而言之】▶▶▶

在服装销售的过程中，熟练掌握色彩的搭配技巧是一门很关键的学问。而要想掌握色彩搭配这门学问，就必须对色彩的基础知识有所了解。

【详细解读】▶▶▶

## 一、原色、间色和复色

红、黄、蓝这三种颜色被称为三原色，这三种颜色是任何其他色彩都不能调配出来的颜色。间色：两个原色相调和产生出间色，如红+黄=橙、红+蓝=紫、黄+蓝=绿，橙色、紫色、绿色就是间色。

一种原色与一种或两种间色相调和，或两种间色相调和产生的颜色就是复色，如黄+橙=橙黄、橙+绿=棕（黄灰），橙黄色、棕（黄灰）色就叫复色。

## 二、无彩色系和彩色系

色彩分为无彩色系和有彩色系两大类。无彩色系是指白色、黑色和由白、黑调和形成的各种深浅不同的灰色。有彩色系（简称彩色系）是指红、橙、黄、绿、青、蓝、紫等颜色。

## 三、色相、纯度和明度

彩色系的颜色具有三个基本属性：色相、纯度、明度。

### 1.色相

色彩的色相是色彩的最大特征，是指能够比较确切地表示某种颜色色别的名称。色彩的成分越多，色彩的色相越不鲜明。

### 2.纯度

色彩的纯度是指色彩的纯净程度。它表示颜色中所含有色成分的比例，比例越大，色彩越纯；比例越小，色彩的纯度也越小。

### 3.明度

色彩的明度是指色彩的明亮度。各种有色物体由于它们反射光量的区别就会产生颜色的明暗强弱现象。色彩的明度有两种情况：一是同一色相不同明度；二是各种颜色的不同明度。

## 四、色彩的前进与后退、膨胀与收缩

在色彩的比较中给人以实际距离的色彩叫前进色；给人以比实际距离远的色彩叫后退色。给人感觉比实际体积大的色彩叫膨胀色；给人感觉比实际体积小的色彩叫收缩色。

当一个人穿着相同款式、相同材料、不同色彩的两套服装，在同一环境中时，给人的感觉会有所不同。如一个人在同一环境中，穿着红色服装时，感觉离我们较近，体积大；穿蓝色服装时，感觉离我们较远，体积小。当一个人穿着高纯度服装时，比穿着低纯度服装给人的感觉较近，而且体积也比低纯度服装大。

## 五、主色调与点缀色

服装色彩的主色调是指在服装多个配色中占据主要面积的颜色；点缀色是指在色彩组合中占据面积较小，视觉效果比较醒目的颜色。主色调和点缀色形成对比，主次分明，富有变化，产生一种韵律美。

# 了解服装配色艺术

【要而言之】▶▶▶

如何搭配，如何穿出自己的风格，如何掩饰身材缺陷，是时尚人士关心的话题，也是服装导购员必须懂得的服装搭配技巧。

【详细解读】▶▶▶

## 一、服装配色方法

常用的服装配色方法有同类色搭配、类比色搭配、对比色搭配三种。

### 1.同类色搭配

由同一种色调变化出来的，如墨绿与浅绿，深红与浅红，咖啡与米色等，在服装上运用较为广泛。配色柔和淡雅，给人温和协调的感觉。

### 2.类比色搭配

指色环上比较相近的颜色相配，一般范围在90°以内，例如红色与橙色或蓝色与紫色，给人的感觉是比较温和、统一。但它和同类色相比，又更加富于变化。

### 3.对比色搭配

运用在衣服上能收到鲜丽明快的效果，如黄色与紫色，红色与绿色，它们给人的感觉比较强烈，不宜多用。如果需要大面积运用时，可以利用无彩色来加以协调。

## 二、上下装色彩搭配

（1）上浅下深。上装用明亮色调，下装用深色调的穿法，如米白色上装配以深咖啡色长裤，整体搭配洋溢着轻便感，穿着适合面较广。

（2）上深下浅。上装用深色调，下装以明亮色调的浅色的穿法，如墨绿色的上装，配浅橙色的长裤，充满朝气且不落俗套。

（3）上装有花色、下装净色的搭配法，或下装有花色、上装纯素色的搭配法。适当增添服饰搭配的丰富多样感。

（4）上装包含两种颜色的格子纹时，长裤的颜色可以是其中的一个颜色，这是最保险的搭配方式。

（5）皮带与长裤的颜色要接近，最好同色，可以使下身显得修长。

## 三、服装色彩与身材的关系

### 1.肥胖体型

穿深色或素雅的颜色令身材显得苗条、灵活些，在上下身的色彩比例搭配时，要注意裤、裙的色彩不要比上衣浅，否则会给人胖上加胖的感觉。

### 2.矮胖体型

可以多穿一些套装形式，色彩尽量简洁，以深色、中性色为主，避免花哨。注意上下身衣服颜色不要面积相等，以免把整个身子分成两个部分，显得更矮。把整套衣服的修饰重点放在颈部、头部等腰线以上的部位，可以把视觉点往上提高，使人看起来显得修长些。

### 3.高胖体型

穿中性色彩衣服可以显得匀称些，避免穿紧身服，可以选择上身偏长的合体套装。

# 第二章
# 应具备的职业素质

### 导言

任何一个职业都有其基本的素质要求，作为服装导购员也不例外。而且随着消费者对品牌意识的不断加强，对导购的形象、服务要求也在不断提高。因此，要想成为一名优秀的服装导购员，必须具备相应的职业素质。

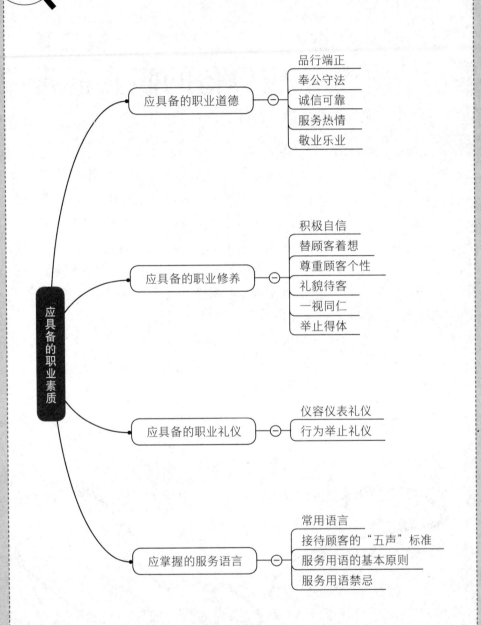

本章
导视图

应具备的职业道德 ⊖ 品行端正
奉公守法
诚信可靠
服务热情
敬业乐业

应具备的职业修养 ⊖ 积极自信
替顾客着想
尊重顾客个性
礼貌待客
一视同仁
举止得体

应具备的职业素质

应具备的职业礼仪 ⊖ 仪容仪表礼仪
行为举止礼仪

应掌握的服务语言 ⊖ 常用语言
接待顾客的"五声"标准
服务用语的基本原则
服务用语禁忌

# 应具备的职业道德

**【要而言之】▶▶**

职业道德是导购员（营业员）在接待顾客时所应遵循的职业行为准则。它的核心是为顾客服务，向消费者负责，并通过导购员的一言一行，表现出对顾客的服务精神，从而反映出企业的精神面貌。

**【详细解读】▶▶▶**

## 一、品行端正

作为营业员，其职业素养的首要条件就是品行端正、为人正直；否则可能会利用企业管理中的某些漏洞，利用岗位之便为个人牟取私利，从而损害顾客及企业的利益，玷污企业的声誉及形象。

品行的修养在于自觉，营业员要自觉地按照社会公共准则和职业道德要求不断地完善自己。

严格遵守企业内部制定的加强员工品行修养的规章制度。

## 二、奉公守法

对营业员来说，奉公守法的表现如下图所示。

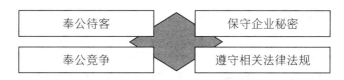

**营业员奉公守法的表现**

### 1.奉公待客

对待顾客必须公平、公道、公正而不自私，也就是说，无论男女老幼，贫富尊卑，都有充分的权利享有他们应得到的服务，营业员不能有以次充好、缺斤短两、弄虚作假、欺行霸市、欺弱怕强、欺小骗老等行为。

### 2.奉公竞争

销售不可避免地存在竞争。竞争是提高服务质量，改善服务态度的动力，因而无论怎样，营业员都应充分发挥自己的聪明才智，开展公平合理、光明正大的竞争。

### 3.保守企业秘密

信息战是现代企业重要战略及战术之一。有些不法商家和企业为了在竞争中取胜，总是想尽办法刺探竞争对手的商业信息，有时不惜出巨资收买商业信息。因此，作为营业员有义务和责任保守企业秘密。

### 4.遵守相关法律法规

销售活动必须遵循相关法律法规的规定，在合法化的基础上开展，不能只顾本企业的利益或自己的个人利益而侵害社会的利益、消费者的利益、企业的集体利益。

## 三、诚信可靠

诚信可靠的表现如下。
（1）平时为顾客服务时，一定要做到言行一致。
（2）言出必行，不出尔反尔，只有这样才能保证顾客接受你的服务。

## 四、服务热情

服务热情的表现如下。
（1）卖场是零售企业与顾客之间的桥梁，是企业管理系统中的中枢。
（2）营业员平时工作中要细心观察，以自己的不懈努力，为顾客提供优质服务。

（3）树立"一切以顾客为中心"的服务意识，做到"眼里有活，手勤脚快"。

（4）热情适度、真诚周到地为顾客提供服务。

## 五、敬业乐业

敬业乐业的表现如下。

（1）忠于职守、认真负责、精益求精，是勤业敬业的具体要求。

（2）对卖场的工作，诸如任务、目标、地位、范围、岗位职责等要有较为全面正确的认识，对本职工作要有责任心，要自觉维护企业的利益。

（3）在服从指挥的前提下，要有一定的灵活性和创造性。

（4）对顾客的要求要敏感，反应快，及时上报或向同事准确传达信息。

（5）遇到突发事件，能够保持理智和清醒，使事件得以妥善解决。

 **情景再现**

### 介绍衣服面料的话术

导购员："我们的面料都经过专业的抗起毛球仪器测试，在同类产品中质量是有保证的，不过为了延长它的使用寿命，您平时在洗涤保养时要注意……"

导购员："是这样的！这款面料是一款功能性面料，它有……美中不足的是它会有一点轻微的起球现象，但绝对不影响穿着效果，您只要平时在洗涤保养方面注意……"

导购员："我们这个品牌的面料是经过预缩水处理好后才投入生产的。因此，我们的衣服缩水率都在国家标准范围之内，多次洗涤之后也不会影响它的穿着效果。"

导购员："是的！您的这个顾虑我能理解，确实衣服缩水会影响穿着效果，这款面料它有……但在洗的时候要注意……这种情况就可以避免了。"

# 应具备的职业修养

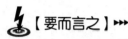

【要而言之】▶▶▶

　　良好的职业修养是每一个优秀营业员必备的素质，良好的职业道德是每一个营业员都必须具备的基本品质，这两点是企业对员工最基本的规范和要求，同时也是每一个员工担负起自己的工作责任必备的素质。

【详细解读】▶▶▶

## 一、积极自信

　　积极才能进步，进步才能获取。所以营业员首先应克服职业自卑感，以积极的心态工作。一个营业员要想具有充足的自信心，唯一的办法就是熟悉业务。具备了相当的经验，才能使自己充满信心。

小提示

　　要培养信心，首先要详尽了解卖场的环境，多向有经验的同事学习，请教有关产品知识和业务知识，然后在顾客面前谦虚谨慎地发表个人看法。

## 二、替顾客着想

　　接待顾客时，要尽量站在顾客的立场上看问题、解决问题，真正做到设身处地替顾客着想。

　　练就一套了解顾客内心世界的本领，将单调、枯燥的服务工作，变为愉快、丰富而有趣的工作。

### 三、尊重顾客个性

尊重顾客个性的表现如下。

（1）在坚持自己原则的同时应该尊重顾客。

（2）以自身的榜样来影响和教育顾客，使自己与顾客能和睦相处。

（3）在任何时候，都要维护顾客的面子，照顾顾客的情绪，不要伤害顾客自尊心，遇事主动向顾客致歉。

### 四、礼貌待客

礼貌待客的表现如下。

（1）满腔热忱、彬彬有礼地接待顾客。

（2）有揽错的勇气，本着和颜悦色、善解人意、微笑服务的原则化解矛盾，变消极因素为积极因素，争取最好效果。

### 五、一视同仁

一视同仁的表现如下。

（1）进店都是客，没有高低贵贱之分，对所有顾客都应一样热情。

（2）以平等的态度服务，不厚此薄彼，不以貌取人。

### 六、举止得体

举止得体的表现如下。

（1）营业员因工作需要，要练好站立服务的基本功。

（2）在工作岗位上，要注重仪容仪表，按照自己所在企业的规定着装。

（3）保证服装的整齐干净、仪态的规范与优美，给人留下清新、大方和亲切的印象。

# 应具备的职业礼仪

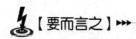 【要而言之】▶▶▶

市场经济条件下，商品的竞争就是服务的竞争。对于零售行业来说，要想做好服务工作，不仅需要职业技能，更需要懂得礼仪规范，最大限度地为顾客提供规范化、人性化的服务，以满足顾客的需求。

【详细解读】▶▶▶

## 一、仪容仪表礼仪

所谓仪容仪表一般是指人的外表，包括人的容貌、服饰、发型、姿态、风度等。对仪容仪表的要求具体表现在以下几个方面。

### 1.着装

工作时必须穿公司统一发放的工作服，服装应整洁，不能有污渍、缺损、脱线等，衣袖不能卷起。女员工着肉色丝袜，男员工着深色袜，不能有漏丝、破洞，保持端庄整洁。工作时要穿黑色素面皮鞋，鞋跟不宜过高，不踩鞋跟站立或走路。

### 2.头发

头发要梳理整齐，端庄大方。女员工不梳奇异发式，长发向后束起，不遮脸，不披肩；男员工发式要求前不过眉、中不过耳、后不过领，不留胡须。

### 3.修饰

女员工面部可化淡妆，应以自然适度为原则，不能用有异味的化妆品和护肤品，要保持面容清爽。不宜用香味较浓的香水。不留长指甲，不涂有色指甲油，双手保持清洁。

### 4.饰品

营业时，不可佩戴手镯和带坠子的耳饰，也不宜戴夸张、华丽、惹眼的胸饰、领花和戒指等。女员工可戴一副耳钉和一枚戒指，男员工可戴一枚戒指。

### 5.工牌

工牌要端正地佩戴在左胸口袋上方处，不得随意改制和增添其他饰物。工牌内容填写应规范齐全，外套和内芯无破损、污渍。

## 二、行为举止礼仪

一个人的一言一行，一举一动，不仅能透露出个人的修养、气质，还代表着其所在公司的整体服务质量和服务水平。

### 1.站姿礼仪

站立是人们生活、工作、交往中的一种最基本姿态，是人们静力造型的动作。正确标准的站姿，是一个人身体健康、精神饱满的体现，站姿要端正，站姿的基本要求如下。

（1）头正，脖颈挺直，双目平视，嘴唇微闭，下颌微收。

（2）两肩放松，稍向下沉，自然呼吸，人体有向上的感觉。

（3）躯干挺直，收腹、立腰、挺胸、提臀。

（4）双臂自然下垂于身体两侧，手指并拢，自然弯曲，中指贴裤缝。

（5）双腿并拢、自立。

（6）双脚呈V字形或T字形。

### 2.坐姿礼仪

坐姿礼仪要求如下。

（1）上身自然挺直，挺胸，双膝自然并拢，双腿自然弯曲，双肩自然平正放松，两臂自然弯曲，双手放在双腿上或扶手上，掌心向下。

（2）头正，嘴唇微闭，下颌微收，双目平视，面容平和自然。

（3）女员工坐椅子的2/3，脊背轻靠椅背。

（4）离座时，要自然稳当，右脚向后收半步，然后起立，起立后右脚与左脚并齐。

（5）谈话时身体可以有所侧重，但要注意头、胸、髋、四肢的协调配合。

### 3.行走礼仪

行走礼仪要求如下。

（1）在商场内行走时要注意礼让顾客。当顾客人多，堵住道路时，应轻声地说"对不起，请借光""劳驾，请让一让"，然后从顾客身后走过。

（2）与顾客迎面行走时，要谦让地主动给顾客让路。

（3）在与顾客上下楼梯时，应请顾客先上，自己走在后边。

（4）在通道中，不要并行，不要边走边聊天，不要手拉手行走，更不可勾肩搭背。

### 4.手势礼仪

手势礼仪要求如下。

（1）指引手势：五指并拢，掌心朝上，手臂以肘关节为轴，自然从体前上扬并向所指方向伸直（手臂伸直后应比肩低），同时上身前倾，头偏向指示方向并以目光示意。

（2）交谈手势：与人交谈使用手势时，动作不宜过大，手势不宜过多，不要用拇指指向自己（应用手掌轻按左胸），不要击掌或拍腿，更不可手舞足蹈。

小提示

在交谈中，伸出食指向对方指指点点是很不礼貌的举动。这个手势，表示出对对方的轻蔑和指责。更不可将手举高，用食指指向别人的脸。西方人比东方人更忌讳别人的这种指点。

### 5.表情礼仪

所谓表情，指的是人通过面部形态变化所表达的内心的思想感情。自己在工作之中的表情神态如何，在服务对象看来，往往与对待对方的态度直接相关。

表情礼仪主要是指目光、笑容两方面的问题。其总的要求是，要理解表情，把握表情，在为顾客服务时努力使自己的表情热情、友好、轻松、自然。

表情礼仪要求如下。

（1）目光要坦然、亲切、和蔼、有神。做到这一点的要领是，放松精神，把自己的目光放虚一些，不要聚焦在对方脸上的某个部位，而是用自己的目光"笼罩住"对面的整个人。

（2）笑容要甜美，温和友好，自然亲切，恰到好处。促销员应当满面笑容，要为服务对象创造出一种令人备感轻松的氛围，使其在享受服务的整个过程之中，感到愉快、欢乐和喜悦，同时也表现出促销员对服务对象的重视与尊重。

## 6.上岗礼仪

上岗礼仪要求如下。

（1）应提前上班，留有充分的时间检查自己的装束和做工作前的准备。

（2）见到同事和顾客应心情舒畅地寒暄问候。

（3）切勿随便离开岗位，离岗时要取得上级的同意并告知去处。

（4）不要交头接耳。

（5）呼叫同事时不要省去尊称。

（6）不用外号呼叫别人。

（7）不扎堆。

（8）不抱着胳膊。

（9）不把手插进裤兜里。

销售语录

成功者懂得：自动自发地做事，同时为自己的所作所为承担责任。

# 应掌握的服务语言

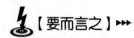【要而言之】▸▸

语言不仅是传递信息的工具，同时也是体现服务水平的艺术。语言是否礼貌、准确、得体，直接影响着顾客对商品或服务的满意程度。

【详细解读】▸▸

## 一、常用语言

导购员在工作中的常用语言见下表。

**导购员在工作中的常用语言**

| 情形 | 语言形式 |
| --- | --- |
| 迎客时 | "欢迎""您好""欢迎您的光临""有什么可以帮到您" |
| 对他人表示感谢时 | "谢谢""谢谢您""谢谢您的帮忙" |
| 接受顾客的吩咐时 | "听明白了""看清楚了，请您放心" |
| 不能立即接待顾客时 | "请您稍候""麻烦您等一下""我马上就来" |
| 对久候的顾客时 | "让您久等了""对不起，让你们等候多时了" |
| 打扰或给顾客带来麻烦时 | "对不起""实在对不起""打扰您了""给您添麻烦了" |
| 由于失误表示歉意时 | "很抱歉""实在很抱歉" |
| 当顾客致谢时 | "请别客气""不用客气""很高兴为您服务""这是我应该做的" |
| 当顾客致歉时 | "没有什么""没关系""算不了什么" |
| 当听不清楚顾客问话时 | "很对不起，我没听清，请重复一遍好吗" |

续表

| 情形 | 语言形式 |
|---|---|
| 送客时 | "再见，一路平安""再见，欢迎您下次再来" |
| 当要打断顾客的谈话时 | "对不起，我可以占用一下您的时间吗""对不起，耽搁您的时间了" |

## 二、接待顾客的"五声"标准

接待顾客应做到"五声"标准，如下图所示。

**接待顾客的"五声"标准**

### 1.来有迎声

见到顾客要主动打招呼。

例如"您好！欢迎光临！""早上好！有什么可以帮到您？""晚上好！好久不见了！×小姐！"

### 2.问有应声

当顾客有问题咨询时，要耐心问答。

例如"请到这边来！""对不起，我不太清楚，我帮您问一下同事，请稍等！"

### 3.帮有谢声

对顾客的体谅和理解要即时表示感谢。

例如"谢谢您！我来吧！""多谢您的体谅！""谢谢您的帮助！"

### 4.错有歉声

对于因个人或是公司给顾客造成的不便应向顾客致歉。

例如"抱歉，让您久等了！""我们的工作给您带来不便，请包涵！""不好意思，我来吧！"

### 5.走有送声

当顾客完成了购物，要离开时，营业员应欢送。

例如"谢谢，欢迎下次光临！""请慢走！""请带好您的随身物品！"

## 三、服务用语的基本原则

营业员在接待顾客时，用语要遵循下图所示的基本原则。

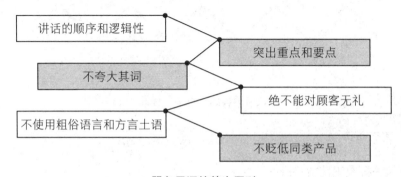

**服务用语的基本原则**

### 1.讲话的顺序和逻辑性

思维混乱、语无伦次，必将导致顾客不知所云，无所适从，因此，营业员必须把握好说话的条理性、层次性，清晰、准确地向顾客表达自己的意思。

### 2.突出重点和要点

销售用语的重点在于推荐和说明，其他仅仅是铺垫。因此，在接待顾客过程中，必须抓住重点，突出要点，以引起顾客的注意和兴趣。

### 3.不夸大其词

不着边际地吹嘘夸大，可能暂时会推销出商品，但并非永久的良策。顾客吃亏上当只能是一次，最终受损失的仍然是商店或所销售产品品牌。因此，诚实客观地介绍推荐，才是长久的良策。

### 4.绝不能对顾客无礼

对顾客在语言上失礼甚至使用讽刺、挖苦或污辱性语言，不仅会气跑一个顾客，对其他在场或不在场的顾客，也会产生不易消除的恶劣影响。会使企业形象受到极人损害，因此，无论遇到什么情况，都必须避免冲撞顾客。

### 5.不使用粗俗语言和方言土语

在接待顾客过程中，营业员不能讲粗俗不堪的市井语言，即便对同事讲话，也要讲文明用语，另外，尽量不使用方言土语。

### 6.不贬低同类产品

在接待顾客过程中，要客观地、实事求是地介绍各类产品，帮顾客出主意。不要想卖这一个产品，而贬低其他产品。

## 四、服务用语禁忌

对于零售业来说，顾客至上。而一线员工是直接面对面与顾客接触的，所以规范员工的服务用语对于提高企业的服务质量有着重要的作用。以下用语是零售业的禁忌。

### 1.否定语

是指对于顾客的疑问，直接采用否定的态度和语气给以拒绝。

例如"我不会""我不知道""不可能，绝对不可能有这种事发生""这不是我应该做的"。

### 2.蔑视语

指轻视、小看顾客，从言语和态度上对顾客表示反感。

例如"乡巴佬""买不起就别买""这种问题连三岁小孩子都知道""不买就别问""到底要不要，想好了没有"。

### 3.烦躁语

指因自身心情不好，烦闷不安，而将情绪带给顾客；或是对顾客的询问表现得不耐烦。

例如"你要的这种没有""不是告诉你了吗？怎么还不明白""有完没完，真是麻烦""没看我正忙着吗？一个一个来"。

### 4.斗气语

指在与顾客沟通中，对顾客有意见或闹情绪，或直接与顾客"抬杠"。

例如"你到底想怎么样呢""我就这服务态度，您能怎么样呢""有本事你投诉我去""我解决不了，愿意找谁找谁去"。

销售语录

　　无论销售什么东西，先销售自己。一个销售员连自己都推销不出去，这个销售员一定不是成功的销售员。

# 第三章
# 服装陈列搭配技巧

## 导言

赏心悦目的服装陈列才能让顾客有想买的欲望，如果店内杂乱无章、陈列做得一塌糊涂，不仅会拉低服装产品的档次，还会让顾客产生厌烦心理。因此，服装导购员要做好店铺的服装陈列。

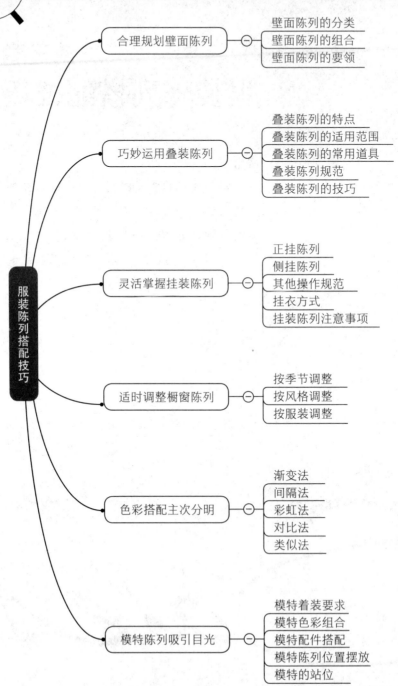

本章
导视图

服装陈列搭配技巧

合理规划壁面陈列 —— 壁面陈列的分类
壁面陈列的组合
壁面陈列的要领

巧妙运用叠装陈列 —— 叠装陈列的特点
叠装陈列的适用范围
叠装陈列的常用道具
叠装陈列规范
叠装陈列的技巧

灵活掌握挂装陈列 —— 正挂陈列
侧挂陈列
其他操作规范
挂衣方式
挂装陈列注意事项

适时调整橱窗陈列 —— 按季节调整
按风格调整
按服装调整

色彩搭配主次分明 —— 渐变法
间隔法
彩虹法
对比法
类似法

模特陈列吸引目光 —— 模特着装要求
模特色彩组合
模特配件搭配
模特陈列位置摆放
模特的站位

# 合理规划壁面陈列

【要而言之】▶▶

　　壁面既是空间的分隔面，又是顾客视线的终点，由于无法看见商品的背面，所以应将商品背靠墙壁正面向外摆放，并利用器具的组合来表现陈列的变化；此外，应该充分利用壁面的高度和面积，挂放醒目的产品，吸引顾客的视线。

【详细解读】▶▶

## 一、壁面陈列的分类

壁面陈列设计分为一段式陈列、两段式陈列、三段式陈列三种方式。

1.一段式陈列

同一类商品以模特或全壁面式展示，其表现力较平庸，必要时须加入辅助装饰以突出展示主题，如下图所示。

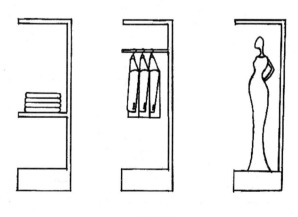

一段式陈列

### 2.两段式陈列

将壁面分上下两段，上下段商品有关联性，上段用以表现陈列主题，下段为量感陈列，如下图所示。

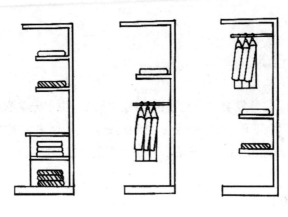

**两段式陈列**

### 3.三段式陈列

若壁面过高，则采用三段式陈列较合适。上段对于身高较矮的顾客来讲不容易看完整，而中段较容易看得到、拿得到，因此一般用作表现陈列主题，下段为量感陈列。采用三段式陈列时要注意陈列的整体性。下段有时候也可作为玻璃式橱柜，如下图所示。

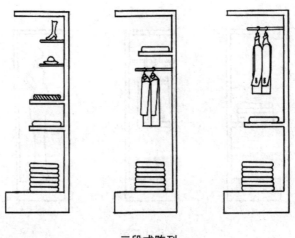

**三段式陈列**

## 二、壁面陈列的组合

壁面一般由正挂、侧挂、点挂组成，目前常用的陈列组合方式有对称、均衡、重复。这些陈列方式可以根据具体商品属性和墙面大小，交叉组合使用。

### 1.对称法

对称法即以一个中心为对称点，两边采用相同的陈列方法。这种陈列方法具有很强的稳定性，给人一种规律、秩序、安定、完整、和谐的感觉，因此可以在卖场中大量运用。

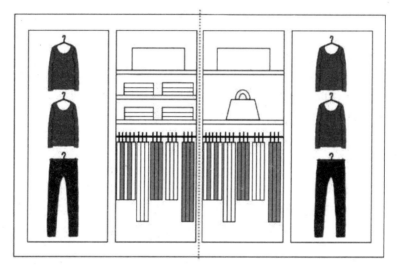

**对称法**

对称法通常适合比较窄的墙面，虽然也适合大墙面，但是如果店铺中过多地使用对称法，会使店铺变得四平八稳，没有生机。因此，对称法可以和其他陈列形式结合使用，也可以在对称法的陈列面上进行一些小变化，以增加陈列面的形式感。

### 2.均衡法

均衡法打破了对称法的格局，通过对服装、饰品的陈列面的精心选择和位置的精心摆放，获得一种新的平衡。

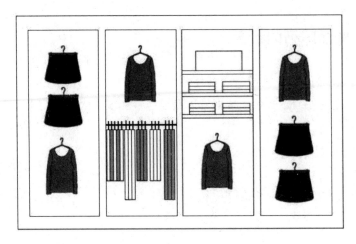

**均衡法**

均衡法既避免了对称法过于平和、宁静的感觉，同时在秩序中营造一种动感。另外，店铺中采用的均衡法通常是多种陈列方式的组合，一组均衡排列的陈列面常常就是一组系列的服装。所以，在店铺中用好均衡法既可以满足货品排列的合理性，同时也能给店铺的陈列带来部分活泼的感觉。

### 3.重复法

重复法是指服装或饰品在单个货柜或一个陈列面中，将2种以上不同形式的服装或饰品进行交替循环陈列的一种方式。交替循环会产生节奏，让我们联想到音乐节拍的高低、强弱、和谐，因此店铺中的重复陈列常常给人一种愉悦的韵律感。

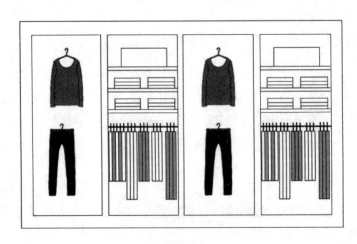

**重复法**

**小提示**

在同一家店铺中，可以灵活运用对称、均衡和重复这三种组合方法，以使得店铺形态更加灵活，具有节奏感，同时不至于太杂乱。

## 三、壁面陈列的要领

（1）避免太拥挤。壁面上的橱柜陈列要留1/3空白，使商品的个性及价值能够充分展示，再加上左右两边有一点空间会使商品看起来更有价值感。另外，要注意处理好上下层关系。上层有装饰，下层陈列同类商品可供参考和选择，如下图所示。

**壁面陈列要领**

（2）注意顾客视角角度。陈列上衣、休闲服或衬衫时要特别注意：最上层的衣服衣领要向内，中层和下层垒堆衣服衣领向内，最上一件衣领向外。

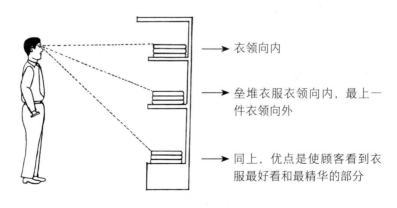

**注意顾客视角角度**

（3）壁面陈列的应用应考虑与卖场整体陈列的配合与协调；注意壁面视线是否会被挡住。壁面前人体模特和其他道具不宜太大，以免挡住壁面陈列。最好从通道就可看到壁面，如下图所示。

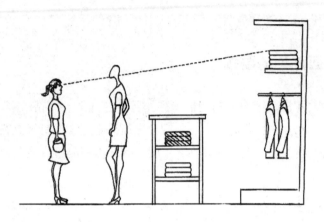

**壁面陈列组合**

（4）壁面铁架高度，应以顾客能用手拿到商品为准。

（5）壁面上正面展示商品时，应以斜挂衣架或无头人体模特来陈列。

（6）沿壁面横向从左至右，商品陈列应遵循尺码由小到大，色彩由浅到深的原则。

（7）壁面横向如果较长，可考虑采用高高低低方式排列。

（8）为了使商品能够正面显示，在中央部分利用斜挂架做主角，如下图所示。

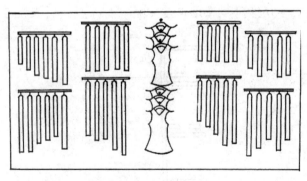

尺码：小 ——→ 大
颜色：浅 ——→ 深

**壁面正面商品陈列**

# 巧妙运用叠装陈列

## 【要而言之】▶▶

叠装陈列就是将服装用折叠形式进行展示的一种陈列方式。叠装陈列空间利用率高，能展示服装部分效果，与其他陈列方式相配合，增加视觉变化，不过其展示效果较差，不能充分展示细节。

## 【详细解读】▶▶

### 一、叠装陈列的特点

（1）充分利用卖场的空间，提供一定的货品储备。
（2）能展示服装的部分效果，大面积的叠装组合能形成视觉冲击力。
（3）能丰富陈列形式，与其他陈列方式相配合，增加视觉的变化。
（4）能体现本系列的色彩搭配。

### 二、叠装陈列的适用范围

叠装陈列在休闲装卖场中使用较多，这主要是由于休闲装的款式和面料比较适合采用叠装形式。一些大众化的休闲品牌，价格较低，日销售量较大，店铺中需要有一定数量的货品储备，为了充分利用卖场，也大量采用叠装的陈列形式。另外，休闲装追求一种量感的风格，叠装容易给人一种货品充裕的感觉。

其他类型的服装也可采用叠装的陈列形式，但陈列形式和目的会有些差异。如一些高档女装品牌采用叠装主要是为了丰富卖场中的陈列形式。叠装陈列必须整齐，所以整理服装比较费时。在休闲装中，通常同一款叠装的服装都有挂装出样，以满足顾客试衣的需求。

## 三、叠装陈列的常用道具

在叠装陈列中，主要运用货架来展示服饰。目前，人们对货架本身的造型、材料、颜色和质感的要求越来越高，并且要求与店堂的整体色彩相协调，使货架成为店堂陈列的一个组成部分。店堂货架一般都紧贴墙壁，其优点是货架的一体化让人感觉比较协调。货架所占空间比较大，便于各种服装与套装的陈列。整体货架的大小与造型形态各异，需根据实际情况设计与制作，以符合店堂的陈列要求。

通常情况下，货架对陈列位置与灯光等方面的要求比较多，因此，整体货架的陈列十分讲究。

木制的货架也可以密切地配合店堂陈列的整体效果，给人以耳目一新的感觉。一般的服装品牌多用中岛架进行叠装陈列，将毛衣和衬衫平铺或倾斜排放在货架上，让顾客对服饰一目了然，方便比较质地、面料、手感和做工。

中岛架有多种造型，男装、女装、童装和休闲运动装应分别采用不同材质的中岛架，应配合店堂的整体环境进行设计和制作。

小提示

## 四、叠装陈列规范

### 1.叠装陈列的基本规范

（1）每件服装均需拆去外包装，服装陈列应做到平整；肩位、领位要整齐，吊牌不外露。

（2）每叠服装折叠尺寸应相同，如每叠服装尺码不同，尺码排列应从上至下，由小到大。

（3）应尽量将图案和花色展示出来，且上下对齐。

（4）叠装陈列附近应同时展示同款的挂装，使顾客能更详细地观看且便于试衣。

（5）层板上每叠服装的高度应一致，为了方便顾客取放，每叠的上方至少留1/3层高的空间。

（6）层板上各叠服装之间的间距，既不要太松，也不要太挤。

一般来说，容易产生折痕的西装、西裤、裙子以及一些款式不规则的服装不宜采用叠装形式陈列。

小提示

### 2.上衣折叠规范

（1）每款服装折叠的规格应统一，并考虑长宽比例的协调。可利用自制的叠衣板辅助折叠使规格统一，一般成人休闲装的叠衣板尺寸为27cm×33cm。由于有的服装面料比较薄，作为出样用的叠装，还可以在服装内衬叠衣纸（铅画纸）增加折叠后的效果。叠衣纸的长度应比叠衣板长，一般为27cm×39cm。女装的叠装可略小于这个尺寸，但应注意长宽比例的美感，比例要协调。长宽的比例在1∶1.3左右比较合适。

（2）折叠后领子和胸部的重要细节能完整地展示。领子和前胸通常是上衣设计的重点部位，折叠后应能展示其设计风格，通常折叠后两个领子边应有2cm的余量。

### 3.下装折叠规范

下装包括裤子和裙子，其设计点基本在腰部、臀部以及下摆，折叠时应尽量能展示这些部位的设计要点。

## 五、叠装陈列的技巧

### 1.门襟叠法

门襟叠法适用于展示前襟位置，比如纽扣、拉链、侧袋的卖点，也可以用于展示腰部内侧的特殊设计，比如撞色条纹等。

### 2.拼图叠法

拼图叠法适用于展示独特的图案设计。以三件为单位，第一件叠出图案的上半部分，第二件叠出图案的中间部分，第三件叠出图案的下半部分，三件一组，组成拼图叠装。

 **情景再现**

## 应对顾客质疑衣服款式的话术

**情景一：你们的款式怎么那么少呀？感觉没什么可买的。**

导购员：您很细心，我们衣服的款式确实不多，不过件件都是老板订货时精心挑选的，每件都有各自的特色，请问您平时都喜欢什么样类型的衣服？我帮您介绍一下。

导购员：是这样的，其实我们的衣服款式还是很丰富的，可能是由于我们陈列的原因，所以才让您有这种感觉吧，以您的穿着，我们这边就有几款很适合您（配合手势），您不妨看看，我给您介绍一下……（引导顾客）

**情景二：去年就有这款了，你们怎么还在当新款卖？**

导购员：这类款式近年来都比较受欢迎，很多品牌的设计师都会采用相似的流行元素，因此设计出来的款式从视觉上看会有些类似。今年这样的款式仍然走在流行前沿，也卖得非常好，我拿一双给您试一下吧！

导购员：其实每个品牌都会延续往年部分畅销款的设计风格，所以这些款看起来会有些相似，您现在看到的这款产品在工艺、细节等方面都有很大的提升，是去年同类畅销款的升级版，您不妨试穿感受一下效果。

**情景三：这款衣服和我去年买的那件差不多。**

导购员：看来您对这种风格的衣服还是比较关注的，所以一眼就注意到了，不过最近我们刚到了几款类似风格的衣服，与这件比起来，款式变化还是很大的，我给您介绍一下，相信您一定会喜欢的，来，这边请……

导购员：我猜，您买的应该是去年的××款，它和这款相比起来确实有些相近，不过今年这款我们在细节上进行了改变……（可介绍面料、细节部位的改进）。这些改变不试穿很难感觉得出来，我建议您试穿对比一下，看是否和去年的一样，我给您拿一件吧。

# 灵活掌握挂装陈列

【要而言之】▶▶

　　挂装陈列就是用衣架把衣服挂上，这样可以全面展示商品的特性，易于形成视觉冲击和渲染气氛，使消费者用眼就能认识和了解该商品。但是，在有限的卖场内，不可能过多地以挂装陈列，一般是挂装配合叠装。这样，一方面能合理运用空间；另一方面，也使整个商品陈列有层次感。

【详细解读】▶▶

## 一、正挂陈列

　　正挂可以看到服装正面的全貌，适合展示服装的款式及装饰特点，视觉效果比较突出，不过需要占用较大的展示面，因此通常展示特色款。正挂可以单挂、侧挂。侧挂时应考虑服装的个性特点，如款式、长度等。

　　1.正挂陈列的特点

　　正挂陈列的特点，主要包括以下几点。

　　（1）可以进行上下装搭配式展示，以强调商品的风格和设计卖点，吸引顾客购买。

　　（2）弥补侧挂陈列不能充分展示服装以及人体模特（简称人模）数受场地限制的缺点，兼顾人模陈列和侧挂陈列的一些优点。

　　（3）正挂陈列具有人模陈列的一些特点，并且有些正挂陈列货架的挂钩上还可以同时挂上几件服装，不仅起到展示的作用，也具有储货的作用。

　　（4）正挂陈列在顾客需要试穿服装时取放也比较方便。

### 2.正挂陈列的规范

正挂陈列的规范，主要包括以下几点。

（1）衣架款式统一，挂钩朝向统一，一般向左，方便顾客取放。

（2）可单件正挂，也可上下装搭配正挂，搭配陈列时上下装的衔接要恰当到位。

（3）如有上下平行的两排正挂，通常上装挂上排，下装挂下排。

（4）可多件正挂的挂通，应3～6件出样，同款同色尺码从外向内，从大到小或从小到大排列。

（5）多款服装同区域正挂时，考虑相邻服装之间风格和长短的协调性。

## 二、侧挂陈列

侧挂陈列是将服装侧向挂在货架上的一种陈列方式，空间利用率较高，但不能直接展示服装的整个面貌和细节。

### 1.侧挂陈列的特点

侧挂陈列的特点，具体如下表所示。

**侧挂陈列的特点**

| 序号 | 类别 | 具体说明 |
|---|---|---|
| 1 | 优点 | （1）服装的形状保形性较好。由于侧挂陈列服装是用衣架自然挂放的，因此这种陈列方式非常适合一些对服装平整性要求较高的高档服装，如西装、女装等<br>（2）体现组合搭配，方便顾客进行类比。顾客可以从货架上同时取放几件服装进行比较，另外也便于导购员对服装进行搭配介绍<br>（3）侧挂陈列服装的排列密度较大，对卖场面积的利用率也比较高<br>（4）服装整理简单，取放方便。放入和取出货架都很方便，休闲装经常采用侧挂方式 |
| 2 | 缺点 | 侧挂陈列不能直接展示服装，只有当顾客从货架中取出衣服后，才能看清服装的整个面貌。因此采用侧挂陈列时一般要和人模出样及正挂陈列结合，同时服装导购员也要做好对顾客的引导工作 |

### 2.侧挂陈列的规范

挂装展示需要各种挂架，不同的店可以根据情况选择挂架，如滑动的、分体的、可伸缩的等。注意挂架的造型、性能、色彩要与展示的服装相一致。侧挂陈列的规范，主要包括以下几点。

（1）衣架、裤架款式统一，挂钩统一朝里，方便顾客取放。

（2）服装熨烫平整，根据款式系好纽扣，拉上拉链或系上腰带，吊牌不外露。

（3）服装正面一般朝向左方，由左向右尺码按照从小到大或从大到小的顺序陈列。

（4）侧挂服装的数量要适当，不能太松也不能太紧，一般为6～8cm。

（5）一般情况下每款服饰应同时连续相邻挂2～4件（不同尺码）。

（6）侧挂服装距离地面高度不得少于15cm。

（7）侧挂的最后一件可以反转挂，使其正面朝向顾客。

### 3.服装分类挂装规范

上衣和西裤的挂装规范，具体如下表所示。

**上衣和西裤的挂装规范**

| 序号 | 服装类别 | 挂装规范 |
| --- | --- | --- |
| 1 | 上衣 | （1）西服应以里面配衬衫、系领带为宜，做整体搭配<br>（2）立领夹克，立起衣领，袖口放进衣兜内，保持袖子平整<br>（3）翻领夹克，领口较宽，稍向外翻<br>（4）每件上装之间应保持相同的间距 |
| 2 | 西裤 | （1）全长度陈列西裤时，采用 M 形夹法，可正挂，也可侧挂<br>（2）半长度陈列西裤时，只可采用侧挂<br>（3）拉上所有拉链（个性表现除外） |

## 三、其他操作规范

服装挂装陈列的其他操作规范，主要包括以下几点。

（1）根据服装的品种、颜色、规格、档次等分别陈列。同款服装应同时连续相邻挂列3～5件，尺码要全。尺码较多的服装应挂销售量多的大众适用尺码。

（2）同类、同系列货品挂列在同一展示区域内，男、女服装应明确界定，分列展示。系列款式的货品使用同一衣架，衣架与服装风格应保持统一。

（3）分类挂置时，可以根据品类的量感顺序陈列（如展示单品类，根据量感的大小，由轻至重，或由轻短至重长，然后在轻短部分或重长部分各依色彩顺序排列）。每种服装依尺寸大小顺序陈列，便于顾客寻找所需尺码。侧挂装应从前往后，尺码由小到大；正挂装应从外到里，尺码由小到大。

（4）将主推商品或色彩强烈的商品放置在主墙面，使顾客明确商品主题。色彩方面依色彩渐变顺序或间隔色进行陈列，正挂服装由浅到深。

（5）挂装的正面应朝同一方向。挂装货品的间距应在6～8cm之间，挂装与地面距离不应小于15cm。挂装区域的就近位置应摆放人模，展示该区域挂装的服装。

（6）清除别针、夹子和线头，备好纽扣、拉链或腰带。所有褶皱或不干净之处都必须清洗、整烫后再进行陈列。非开襟类或针织类货品，挂装时衣架须从衣服的下摆放入。

## 四、挂衣方式

### 1.一般挂衣架的挂衣方式

从用手容易取得的方向挂衣，一般习惯用右手取商品的顾客较多。商品正面朝向由左而右依序陈列，如下图所示。

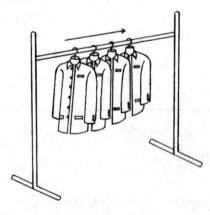

**一般挂衣架的挂衣方式**

### 2.斜挂架的挂衣方式

斜挂架的最前面商品以组合陈列为佳，由前而后依色彩顺序并列，尽可能把同项目的商品挂在一起，如下图所示。

**斜挂架的挂衣方式**

## 五、挂装陈列注意事项

（1）从商品的正面可看到领子、纽扣等的设计，要让种种搭配都很容易看到。袖子朝外，不同颜色、不同尺寸及质量感都看得到，如下图所示。

**商品正面朝外、袖子朝外**

（2）顾客从正面进入卖场时其右侧有挂衣架设备的场合，将第一件衣服正面朝向顾客，如下图所示。

**第一件衣服正面朝向顾客**

（3）同一款式的商品按色相顺序陈列。由左至右颜色由浅色至深排列，如下图所示。

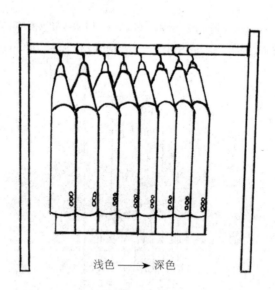

浅色 ——→ 深色

**同一款式商品按色相顺序陈列**

（4）既有素色又有花色面料的服装，把素色的商品放在前端。由左至右，浅色的商品摆在前面，素色衣物摆在花色衣物的前面。同一色相的商品尺寸的处理，由左至右设为小尺寸→大尺寸，如下图所示。

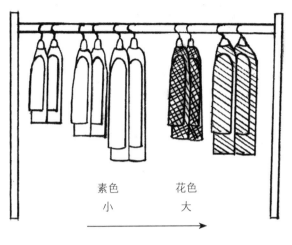

素色　　花色
小　　　大

**素色与花色商品陈列**

（5）单品类商品的陈列，要展现单品的量感，由左至右为轻短→重长；色相的顺序为浅色→深色，如下图所示。

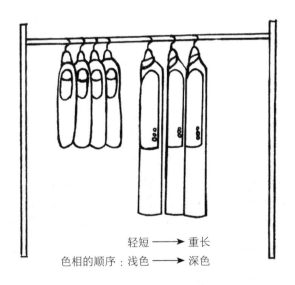

轻短 ——→ 重长
色相的顺序：浅色 ——→ 深色

**单品类商品陈列**

（6）上下装组合陈列时，要上下装一体组合，然后全体组合，由左至右按色相顺序排列，如下图所示。

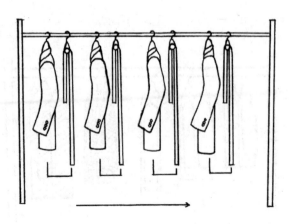

上下装组合陈列

 **情景再现**

## 应对顾客质疑衣服颜色的话术

**情景一：这款衣服颜色好像有点暗。**

导购员：其实我们这款衣服的设计风格，是在体现年轻时尚的同时又不失成熟稳重感，所以才会采用稍微暗一点的颜色，这种款式特别适合像您这样成熟、时尚的女士穿着，要不您再感觉一下？

导购员：这款衣服的颜色和其他款式比起来是暗了点，不过暗色和亮色各有各的好处……（介绍暗色和亮色的优点）。当然，如果您比较喜欢亮色的款式，我们还有几款可以介绍给您……

**情景二：这款衣服好像有点花，感觉不太适合我。**

导购员：这种风格今年比较流行，时尚感强，可能您之前穿衣服的风格较稳重一点，所以感觉不太习惯，我建议您可以尝试一下，不同的风格给人的感觉是不同的，您可以穿上感觉一下，不买没有关系，来，试衣间在这边……

导购员：是的，您说的没有错，其实很多人第一眼看到的时候都会觉得它有点花，不过穿在身上效果非常好，这款也是我们卖得最好的一款，要不我拿件给您试穿感觉一下？试衣间在这边……

# 适时调整橱窗陈列

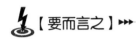

## 【要而言之】▶▶▶

服装店橱窗是现代都市艺术长廊里一道亮丽的风景线，也是服装店打造品牌效应最直接的途径。作为一个路过的顾客，最吸引目光的毋庸置疑就是服装店面的装修形象和服装店橱窗的陈列，这种第一印象所带来的感觉决定其是否考虑进入购物。

## 【详细解读】▶▶▶

### 一、按季节调整

每个季节给人的主色调是不一样的，因此首先要了解每个季节的主色调。不同的季节，服装导购员可以根据流行趋势设计不同的橱窗颜色。

#### 1.春季

春季主色调为黄绿（嫩绿）、粉红（樱花、桃花）。

黄绿色的嫩草、嫩叶宣示晦暗的冬天已过去，春季来临，柔和明媚的感觉表现较好；此外，最好用明亮、柔和的颜色，如粉红的桃花、樱花。春季可以在橱窗下面布置一个白色的喷绘木制栅栏，辅以栅栏缝里拦不住的几缕黄绿色的青草。

#### 2.夏季

夏季主色调为蓝色（天空与海洋）、绿色（树和草）。蓝色海洋对比强烈的配色比较符合夏季特点，因此，应调和明度、彩度皆高的色彩，也可以选择冷色系为主的水蓝天空。夏季可以设计为几波海浪加上柔软的几枝垂柳。

### 3.秋季

秋季主色调为黄色（稻田）、米黄（枯草）、茶色（土地）。秋天是果实成熟的季节，选择稳重、丰富感的色彩较好，紫、紫红、鲜绿也不错。秋季可以设计为几块特色的青石板配以飘零的几片落叶。

### 4.冬季

冬季主色调为红色（圣诞节）、白色（雪花）、灰色（飘雪的天空）。冬季因为是寒冷的季节，所以用暖色系较好，一般来说大多使用彩度低的颜色，为强调重点可以使用纯色系效果。

**小提示**　　　服装陈列中，不同的季节选择不同的颜色来搭配，相当于鲜花丛中的绿叶，橱窗陈列中的鲜花还是服装主题，这些只不过是衬托和突出主题用的。

## 二、按风格调整

对于橱窗的设计风格，很难将它们进行严格的分类，因为有的橱窗会采用好几种设计元素，所以需要服装导购员灵活处理，巧妙设计橱窗陈列。在这里，为了能比较清楚地介绍橱窗的风格变化，将比较典型和常见的两种设计类型介绍如下。

### 1.追求和谐优美的节奏感

这类橱窗追求的是一种比较优雅的风格，橱窗的设计比较注重音乐的节奏，橱窗设计主要是通过橱窗各元素的组合和排列，营造优美的旋律感。

音乐和橱窗的设计是基本相通的。在橱窗的设计中音乐节奏的变化，具体的表现就是人模之间的间距、排列方式、服装的色彩深浅和面积的变化，上下位置的穿插，以及橱窗里线条的方向等。

## 2.追求奇异、夸张的冲击感

夸张、奇异的设计手法也是橱窗设计中另一种常用的手法，这样可以在平凡的创意中脱颖而出，赢得行人的关注。

这种表现手法往往会采用一些非常规的设计方式来追求视觉上的冲击。在这种手法中，最常用的手法是将模特的摄影海报放成特大的尺寸，或将一些物体重复排列，制造一种数量上的视觉冲击力。或将一些反常规的东西放置在一起，以增加行人的关注度。

## 三、按服装调整

在同一橱窗里出现的服装，通常要选用同一系列的，这样服装的色彩、设计风格都会比较协调，内容也会比较简洁。为了使橱窗变得更加丰富，还需要对这个系列服装的长短、大小、色彩进行调整。

人模和服装的组合，有以下几种基本方式。

### 1.间距相同、服装相同

该排列采用了每个人模之间等距离的方式，这样节奏感较强，另外由于穿着的服装相同，所以比较抢眼，如下图所示。

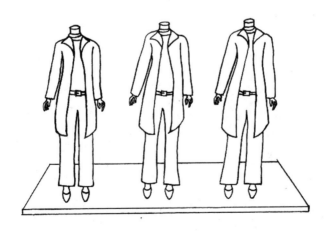

**间距相同、服装相同陈列法**

该陈列法适合促销活动以及休闲装的品牌使用，但不足之处就是有些单调。为了改变这种局面，最常见的做法是移动人模的位置，或通过改变人模身上的服装进行调整。两种改变都会给人带来一种全新的感觉。

2.间距不同、服装相同

该陈列组合方式由于变换了人模之间的距离，产生了一种音乐的节奏感，虽然服装相同，但不会感到单调，给人一种规整的美感，如下图所示。

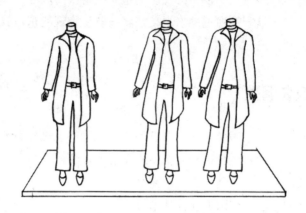

间距不同、服装相同陈列法

3.间距相同、服装不同

为了改变上述排列单调的问题，陈列组合时可以通过改变人模身上的服装来获得一种新的服装组合变化。由于服装的改变使这种组合在规则中又多了一份有趣的变化，如下图所示。

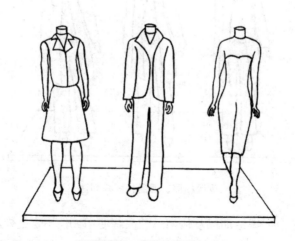

间距相同、服装不同陈列法

### 4.间距不同、服装不同

这是橱窗陈列组合中最常用的服装排列方式，由于人模的间距和服装都发生了变化，使整个橱窗呈现一种活泼、自然的风格，如下图所示。

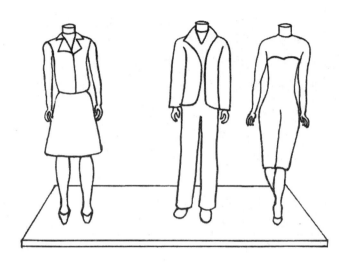

间距不同、服装不同陈列法

### 5.添加小道具和服饰品

灵活添加一些小道具和服饰品，使画面更加富有变化，如下图所示。

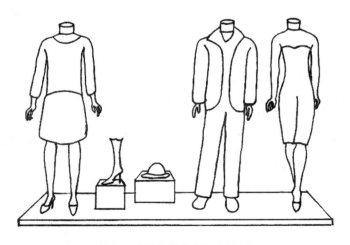

添加小道具和服饰品组合陈列

相关
链接

## 橱窗设计的要点

（1）根据商品的特点来决定陈列的形式，准确表达商品的特点。如服装的陈列，最佳的方式是立体展示，即以人模穿着的形式来展示，而同样是服装，又以系列展示效果为好。

（2）橱窗的展示要符合商品使用的逻辑和规律，避免出现反常和违反逻辑的现象，以引起消费者的反感，进行专题展示或物景式展示时，道具的选择也要合理。

（3）橱窗陈列所用的道具和配景物必须与展品的色彩造型等方面谐调，避免喧宾夺主。

（4）橱窗陈列在设计上要注重"创意"，注意设计的"人格化"和情节性。要利用商品和道具的特点，营造一种能够引起顾客好感的气氛，并在这种气氛中，使商品的特点得到有效的展示。

（5）如果橱窗是开放式的，即橱窗与商场之间没有屏障，要处理好橱窗本身与背景的关系。

（6）橱窗应内外呼应，模特着装必须齐色齐码。切勿将断色断码的服装在橱窗展示，以免对消费者造成误导，影响其他货品的销售，从而造成资源的浪费。

销售语录

销售人员需要敏锐的洞察力。不仅要听话听音，还要通过观察客户的肢体语言，洞察其细微的心理变化，体会其话语后面的本质需要，分辨其虚假异议后面的真实意图，抓住签单成交的最佳时机。

# 色彩搭配主次分明

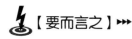

卖场色彩的陈列方式有很多，这些陈列方式都是根据色彩的基本原理，再结合实际的操作要求变化而成的。主要是将千姿百态的色彩根据色彩的规律进行规整和统一，使之变得有序列，使卖场的主次分明，易于顾客识别和挑选。

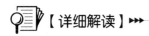

## 一、渐变法

渐变法将色彩按明度深浅的不同依次进行排列，色彩的变化按梯度递进，在侧挂、叠装陈列中经常使用。明度排列法一般适合于明度上有一定梯度的类似色、临近色等色彩。如果色彩的明度过于接近，则容易混在一起，反而感到没有生气。

色彩无论是同色相还是不同色相，都会有明度上的差异。如同一色中，淡黄色比中黄色明度高，在不同色相中黄色比红色明度高。渐变法的常见方式，具体如下表所示。

**渐变法的常见方式**

| 序号 | 方式类别 | 具体说明 |
|---|---|---|
| 1 | 上浅下深 | 将明度高的服装放在上面，明度低的服装放在下面，这样可以增加整个货架服装视觉上的稳定感 |
| 2 | 左浅右深 | 实际应用中并不用那么教条，不一定要左浅右深，也可以是左深右浅，通常在一个货架中，将一些色彩深浅不一的服装按明度的变化进行有序排列，这样会在视觉上产生一种井井有条的感觉 |
| 3 | 前浅后深 | 在陈列中可以将明度高的服装放在前面，明度低的服装放在后面。而对于整个卖场的色彩规划，也可将明度低的系列有意放在卖场后部，明度高的系列放在卖场的前部，以增加整个卖场的空间感 |

## 二、间隔法

间隔法是在卖场侧挂陈列方式中，采用最多的一种方式。间隔法虽然看似简单，但因为在实际的应用中，服装不仅有色彩的变化，还有长短、厚薄、素色和花色的变化，所以要综合考虑，同时由于间隔件数的变化也会使整个陈列面的节奏产生丰富的变化。

服装导购员可以先将服装按分类的原则进行分类，然后进行间隔。具体而言，间隔法的类别如下表所示。

间隔法的类别

| 序号 | 方法类别 | 具体说明 |
|------|----------|----------|
| 1 | 色彩间隔 | 将款式相近、长度基本相同的服装陈列在一个挂通上，通过色彩间隔变化来获得节奏感的一种陈列方式 |
| 2 | 长度间隔 | 将色彩相同或相近，款式、长度不同的服装陈列在一个挂通上，通过长度的间隔变化而获得节奏感 |
| 3 | 长度和色彩同时间隔 | 把相同系列，不同色彩、不同长度的服装陈列在一个挂通上，从而获得更为丰富的节奏和韵律感 |

## 三、彩虹法

彩虹法就是将服装按色环上的红、橙、黄、绿、青、蓝、紫的排序排列，给人一种非常柔和、亲切、和谐的感觉。彩虹法主要应用在一些色彩比较丰富的服装品牌中，也可应用在一些装饰品中，如丝巾、领带等。除了个别服装品牌外，实际中碰到色彩如此丰富的款式在单个服装品牌中还是很少的，因此实际应用机会相对比较少。除了彩虹法外，货架中的色彩不宜太多，一般在 2 ~ 4 色就差不多了。

## 四、对比法

对比色搭配的特点是色彩比较强烈、视觉的冲击力比较大，因此这种色彩搭配经常在陈列中应用，特别是用在橱窗的陈列中。对比色搭配在卖场应用时还分为服装上下装的对比色搭配、服装和背景的对比色搭配。

## 五、类似法

类似色搭配有一种柔和、秩序的感觉。类似色搭配在卖场的应用中也分为服装上下装的类似色搭配和背景的类似色搭配。对比和类似这两种色彩搭配方式在卖场中会使人感到过于宁静、缺乏动感；反之，过多采用对比色会使人感到躁动不安。因此，每个品牌都必须根据自己的品牌文化和顾客的定位选择合适的色彩搭配方案，并规划好两者之间的比例。

 **情景再现**

### 等你们有活动时我再来买

导购员："呵呵！看得出来，您很了解这一行，不过您现在看中的这一款，我们销得一直不错，所以还是建议您现在买，因为，到时这一款可能就断码断色了。"

导购员："其实，到现在我也不知道活动内容是什么，说不定到那时，这一款没有做活动也有可能，或是调到其他地方去，因为我们其他地方也有店，节日前，我们都会对货品进行调整，所以您要是有看中的，建议您还是先买。"

导购员："谢谢您对我们的支持，这样吧，您能不能留一个联系方式，到时我们一做活动，我就马上通知您，这样断色断码的机会就会少一点，您看呢？"

# 模特陈列吸引目光

**【要而言之】▶▶▶**

　　模特陈列是营造吸引顾客购物的焦点。创建一个有趣的可以吸引顾客的模特陈列，可以缓解顾客在店内长时间逗留的视觉疲劳；可以提供给顾客一个简单自然的直观感受，并且为顾客的选择提供了指引。

**【详细解读】▶▶▶**

## 一、模特着装要求

（1）海报款、推广款、定量大的产品。

（2）选择同一系列的服装。

（3）选择新货和有特色的服装，避免穿着基础款。

（4）模特穿着人性化。

（5）成组出样，并且不要像士兵般的摆放。

（6）模特展示的产品需陈列在附近区域，让顾客很容易找到。

## 二、模特色彩组合

　　（1）模特成组陈列时统一保持上装同一色彩明度，下装同一色彩明度（即上浅下深或上深下浅）。该方式较多适用于网球等专业运动系列搭配。

　　（2）对于重点推广产品，模特穿着可完全保持一致，以突出主题。该方式不要频繁使用，仅用于推广重点产品。

　　（3）模特上下装搭配成×式色彩交叉，即交叉对称法，如下图所示。该方式为比较简单、应用较多并且比较出效果的搭配方式。

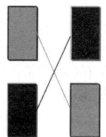

**交叉对称法**

（4）寻找一个主色，利用模特里外套穿形成内外色彩交叉，或通过搭配对比色的配件以最终达到色彩平衡，这种方法称为主色彩贯穿法，该方式应用较多。

（5）同款不同色陈列法。该方式适用于款式、图案特别，色彩丰富的系列和专业运动系列。

（6）服装本身配色指引法。该方式适用于运动生活系列和图案、色彩丰富的服装系列，可多使用套穿方法，尽量内外色彩对比强些。

## 三、模特配件搭配

（1）不应以模特单独陈列服装，可搭配与服装色彩成组的各种配件，既可以达到整体色彩的最佳组合效果，也可以达到最终的附加销售或帮助顾客成套购买的目的，强调相同系列及色彩协调（尽量为对比色）。

（2）配件需灵活地搭配在模特身上，尽量自然，避免死板，保持生活化的真人着装效果。

（3）出现在模特身上的各种配件需为本卖场销售产品，其他品牌货品即使色彩上能够满足整体效果也不允许展示，因为我们的最终目的是为了售卖。

（4）注意陈列细节的处理以及模特服装尺码的标准出样。

## 四、模特陈列位置摆放

根据销售管理的流程，服装卖场被分为导入区、营业区、服务区和后台管理区。模特陈列展示效果虽好，但占地面积过大，因此在导入区可利用模特陈列当季重点推荐的产品，以引起消费者的兴趣；营业区可使用少量模特陈列，以突出展示每季的主推款或临时性的促销款，而超大型卖场可酌情增加模特陈列，以制造若干视觉冲击点，吸引消费者的注意力，增加停留时间。服务区和后台管理区一般无须设计模特陈列。

无论在橱窗、入口还是店铺内部的模特都要成组出现，避免单独进行陈列。模特群组陈列注意事项如下。

（1）需照顾到客流方向，考虑摆位的角度，无论顾客从哪个方向走近都可以清晰看到模特展示的服装或者配件的焦点。

（2）模特成组出现尽量做到高低、前后错落，增加层次感和故事性。

（3）挑出主要模特，重点突出。

## 五、模特的站位

两个以上模特组合陈列时，会产生前后、左右、高低和疏密等关系，站位组合方式的设计可遵循四个原则。

（1）疏密搭配，有均衡感。横向间距的排列上疏密有致，有利于打破过于呆板的对称效果，营造出一丝活跃的气氛。

（2）前后错落，有空间感。前后位置错落排列，有利于增强视觉效果的深度空间感，表现服装的立体感。

（3）"眼神"交流，有情节感。通过改变模特的朝向可以使模特之间达到"眼神"的交流，从而营造出一定的场景氛围和情节感。

（4）高低起伏，有节奏感。通过选择站、坐、卧等不同姿态的模特，或者改变模特地台的高度即可实现高低起伏的视觉效果，从而赋予陈列一定的节奏感。

**服装销售从入门到精通**
从目标到业绩的高效销售技巧

# 第四章
# 顾客心理分析技巧

### 导言

顾客的消费心理是指从看商品到买下商品之间产生的一系列复杂的心理活动。在整个购买过程中，顾客会针对各方面进行不同的考虑和抉择。所以，导购员要学会顾客消费心理分析，在销售过程中了解顾客的内心变化，以便促成交易。

销售冠军
成长记系列

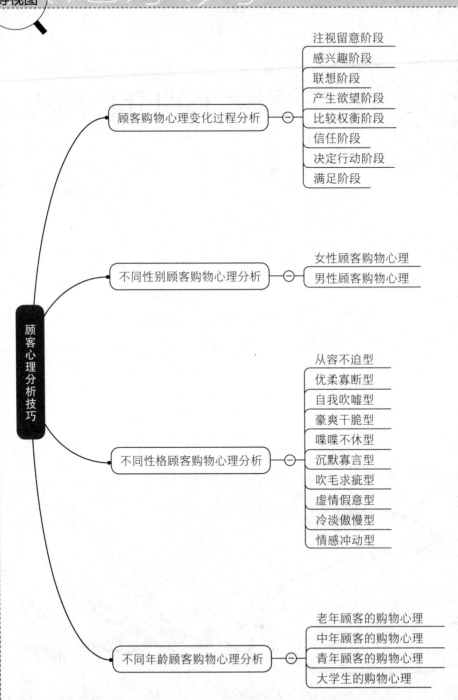

顾客心理分析技巧

顾客购物心理变化过程分析
- 注视留意阶段
- 感兴趣阶段
- 联想阶段
- 产生欲望阶段
- 比较权衡阶段
- 信任阶段
- 决定行动阶段
- 满足阶段

不同性别顾客购物心理分析
- 女性顾客购物心理
- 男性顾客购物心理

不同性格顾客购物心理分析
- 从容不迫型
- 优柔寡断型
- 自我吹嘘型
- 豪爽干脆型
- 喋喋不休型
- 沉默寡言型
- 吹毛求疵型
- 虚情假意型
- 冷淡傲慢型
- 情感冲动型

不同年龄顾客购物心理分析
- 老年顾客的购物心理
- 中年顾客的购物心理
- 青年顾客的购物心理
- 大学生的购物心理

# 顾客购物心理变化过程分析

 【要而言之】▶▶▶ ·················································································

　　顾客在购买服装时都要经过思想酝酿的八个阶段，这八个阶段对任何成交的买卖都是大体相同的。只有充分地了解顾客购买服装时的心理转换过程，服装导购员才能正确把握顾客的需求，成功地售出服装。

【详细解读】▶▶▶ ·················································································

## 一、注视留意阶段

　　当顾客想买或随意浏览时，出现了感兴趣的某款花色时，便会驻足观看。在浏览的过程中，顾客往往会注意到店内的环境设施、服装陈列以及各种宣传资料、POP（卖点广告）的摆放等。

　　从购买过程来看，这是第一阶段，也是最重要的阶段。如果顾客在浏览中没有发现感兴趣的服装，而服装导购员又不能引起顾客的注意，那么购买过程即告中断。倘若能引起顾客的注意，就意味着成功了一大半。

　　因此，当有顾客进店时，服装导购员应立即主动地向顾客打招呼，同时结合成品的演示用适当的询问来了解顾客的购买意图。

## 二、感兴趣阶段

　　当顾客驻足于服装前，可能会对服装的价格、外观、款式、颜色等中的某一点产生了兴趣和好奇感，同时可能会向服装导购员问一些他关心的问题。

　　顾客的兴趣源于两方面，即服装（品牌、广告、促销、POP、画册等）和服装导购员（服务使顾客愉悦）。

这时，服装导购员可以尝试了解顾客的基本信息，并从顾客感兴趣的产品、说话的语气，结合穿着打扮对顾客进行初步判断，并就其感兴趣的产品进行详细介绍，尤其是强调拥有此服装可以享有的利益。

## 三、联想阶段

顾客对我们的服装产生了兴趣时，可能会触摸和从各个不同的角度端详，或从相关的产品宣传资料中联想到"此服装将会给自己带来哪些益处？自己能从中得到哪些享受？"顾客经常会把感兴趣的服装和自己的个性联系在一起。

"联想"阶段十分重要，因为它直接关系到顾客对服装表示满意或不满意、喜欢或不喜欢的最初印象和感情的阶段——"喜欢阶段"。在这个阶段，顾客的联想力肯定是非常丰富而又飘忽不定的。

因此，在顾客选购服装时，服装导购员应灵活使用各种方法和手段〔如公司的画册、宣传资料DM（直接邮递广告）〕适度地帮助顾客提高其联想力，仔细描绘顾客感兴趣服装的优点，并观察顾客对哪一款产品特征更感兴趣，以此发现顾客喜好。

## 四、产生欲望阶段

产生联想之后的顾客，接着会产生一种将服装占为己有的欲望和冲动。当顾客询问某款服装并仔细地加以端详时，就已经表现出他非常感兴趣、想买了。

因此，服装导购员要抓住时机，通过细心观察，揣摩顾客的心理，进一步介绍其关心的问题，促进顾客的购买欲望。同时，服装导购员可以让顾客试穿衣服，以强化他想拥有的感觉。

## 五、比较权衡阶段

上述的欲望仅仅是顾客准备购买，尚未达到一定要买的强烈欲望。顾客可能会做进一步的选择，也可能会到其他店去比较同类产品，还可能从店中走出去，过一会儿（也可能是几天）又回到本店，再次注视此服装。

此时，顾客的脑海中会浮现出很多曾经看过或了解过的同类服装，彼此间做更详细、更综合的比较分析（比较的内容包括服装的品牌、款式、花色、价格、质量等）。比较权衡是购买过程中买卖双方将要达到顶点的阶段，即顾客通过比较之后有了更全面的认识，将要决定购买与否的关键阶段。

也许有些顾客在比较之后就不喜欢这款服装花色了，也许有些顾客会决定购买，还有些顾客在这时会犹豫不决，拿不定主意，此时就是服装导购员表现的最佳时机，适时地提供一些有价值的建议，供其参考，帮助顾客下定决心。

服装导购员可以把一些能验证服装品质的证据，如我们这些款式及花色都是公司的专版设计、老顾客的购买资料等展示给顾客看，并根据顾客的实际需要提出建议，让其感觉到这款产品是最适合购买的。

## 六、信任阶段

在脑海中进行了各种比较和思想斗争之后的顾客，往往要征求（询问）服装导购员的一些意见，一旦得到满意的回答，大部分顾客会对此服装产生信任感。影响信任感的三个因素，具体如下表所示。

**影响信任感的三个因素**

| 序号 | 因素类别 | 说明 |
| --- | --- | --- |
| 1 | 信任服装导购员 | （1）服装导购员的优秀服务让顾客产生愉悦的心情，从而对其产生好感<br>（2）顾客对服装导购员的专业素质（服装专业知识）非常信任，尤其是对其提出的有价值的建设性意见表示认同，从而产生信赖感 |
| 2 | 信任商店（经营场所） | （1）大多数顾客比较注重卖场的信誉<br>（2）大多数顾客购买服装都喜欢到品牌专卖店 |
| 3 | 信任产品（制造商） | （1）年轻顾客多喜欢名牌及流行时尚的服装<br>（2）品牌企业值得信赖 |

在顾客即将产生信任的阶段，服装导购员要用更亲和的服务态度介绍专业知识（如何选购服装、如何搭配等），并对卖场的信誉和产品品牌等加强宣传，使其产生信任感。

此时，服装导购员还可以通过给予一定优惠刺激，如"今天买还可以享受一个礼包"或者"这款产品最近销量比较好，库存不多了"，促其尽早下定决心。

## 七、决定行动阶段

当顾客对服装产生信任后，便进入决定购买阶段，这时顾客会说："库房里有新的产品吗？""可以用信用卡支付吗？"等话语，服装导购员可以因势利导，用总结性的语言，如"这款花色的产品您买是很划算的，回去后您家里人一定会高兴的""您真有眼光，这是今年最畅销的款式"等让顾客感觉到自己做出的选择是正确的。

## 八、满足阶段

顾客做出购买决定还不是购买过程的终点。服装导购员应把顾客的愉悦离店看作是销售的重要环节，而不应在顾客交了钱后就对顾客不管不问，要让顾客的满足感一直持续到离店之后。因此服装导购员应从始至终保持诚恳耐心的待客原则，直到将顾客送出门外。这时顾客的满足感来源于买到了称心的物品和享受了温馨的购买服务。

**情景再现**

### 我不喜欢跟别人穿一样的

导购员："在街上与别人'撞衫'确实有点尴尬，不过一般都是大众款才出现那样的情况，我们除了大众款之外，也准备了一些限量款，满足您这种类型的顾客，我拿给您看看，这边请……"

导购员："您看到的这款衣服在我们店里是卖得最好的，有许多顾客正是因为看到别人穿才特地过来买的，同样的衣服穿在不同人身上是有不同效果的，以您的肤色与气质，这款衣服穿在您身上，效果绝对很好，其实在街上与人'撞衫'的可能性是很小的，您不妨先试试……"

# 不同性别顾客购物心理分析

【要而言之】▶▶

　　在购物过程中，男性和女性所表现的心理活动是不一样的。服装导购员应该了解男女之间的差别，对不同性别的客户采取不同的接待方式，才能在大多数的情况下优先掌握顾客消费心理的主动权。

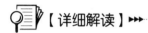【详细解读】▶▶

## 一、女性顾客购物心理

　　当今社会，女性消费者已经成为服装的主要购买者，服装导购员应该特别重视这一类顾客，要给予她们耐心周到的服务。要知道，假如赢得了一个女性顾客的信心，那么带回来的将不只是一个回头客。女性顾客的购物行为非常明显地具有下图所示的特征。

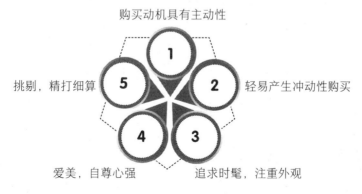

**女性顾客购物心理特征**

### 1.购买动机具有主动性

目前在家庭中，女性已经成为购物的"主力军"。根据一项调查资料统计显示，对于家庭日常消费品，61%由女性购买，30%由男性购买，另外9%则由夫妻双方共同决定。应该说，女性较多地进行购买活动的原因是多方面的，有的是迫于客观需要，如筹划家务；有的是为了满足自己的需要，如穿衣打扮等；有的则是把购物作为一种乐趣或消遣等。所以说，女性消费者的购买动机具有较强的主动性。

### 2.轻易产生冲动性购买

逛街已经成为当今女性最主要的休闲活动之一，她们逛商店多是无目的的，事先没有任何计划。根据专业调查公司的一份调查资料显示，年轻女性的消费经常会超越常规的轨迹。

（1）非理性消费占女性消费支出比重的20%。

（2）受打折影响而购买了不需要或不打算买的东西的女性为56%。

（3）为店内POP及现场展销而心动并实施购买的女性达40.8%。

（4）受广告影响买了没用的东西或不当消费的女性为22.8%。

（5）50.7%的青年女性都有过受到促销职员诱导而产生消费的经历。

（6）55.5%的青年女性和朋友逛街受朋友影响而消费了本不打算买的产品或服务。

（7）在极端情绪中购物消费的女性多达46.1%。

女性的心理特征就是感情丰富、细腻，心境变化剧烈并富于幻想、联想，因此其购买动机带有强烈的感情色彩。卖场的现场气氛、广告宣传、服装包装、陈列布置、服装导购员的服务态度及其他消费者的购买行为或购买意见等都会对她们的购买行为产生很大影响。比如，当一位妈妈看到某种儿童服装新奇漂亮时，她很快就会联想到自己孩子穿上这套服装会是什么样子，从而引起积极的心理活动，产生喜欢、偏爱等感情，进而促发购买动机。

### 3.追求时髦，注重外观

爱美是女人的天性。这种爱美心理使得女性在购买服装时，首先想到的不是该服装是否对自己有用，而是要使自己漂亮或时尚。女性的爱美心理也使得她们在挑选服装时更加侧重服装的外观和包装设计。

她们通常会凭着对颜色、式样产生的直觉而形成对产品的好恶。

### 4.爱美，自尊心强

对于很多女性消费者来说，之所以购买服装，除了满足基本需求之外，还有可能是为了显示自己的社会地位，显示自己的与众不同。

### 5.挑剔，精打细算

在购物时，善于讨价还价的通常是女性消费者。固然女性消费者更轻易产生冲动性购买，但是在她们保持清醒头脑购物时，其挑剔心理就会强烈地表现出来。这一点在已婚女性尤其是中年妇女身上表现得更为明显。对同类型服装会货比三家，对价格的变化极其敏感，并对优惠打折的服装怀有浓厚的喜好。

## 二、男性顾客购物心理

相对于女性顾客，男性顾客购买服装的范围较窄，注重理性。具体来说，男性顾客具有下图所示的购物心理特征。

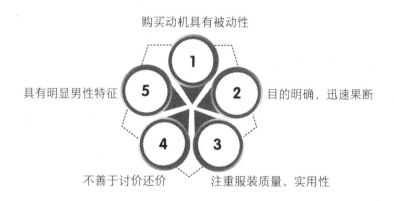

**男性顾客购物心理特征**

### 1.购买动机具有被动性

就普遍意义讲，男性顾客的购买活动远远不如女性频繁，购买动机也不如女性强烈，比较被动。在很多情况下，男性顾客购买行为的形成往往是由于外界因素的作用，如家里人的嘱咐、朋友的委托、工作的需要等。总体而言，其购买动机的主动性、灵活性都比较差。为此，他们通常不喜欢逛街，而且一般是在非买不可的情况下才会前往购物。

### 2.目的明确，迅速果断

男性较强的独立性和自尊心直接影响到他们在购买过程中的心理活动。他们在购买服装时目的明确，能够迅速形成购买动机并立即导致购买行为，即使是处在比较复杂的情况下，也能够果断处理，迅速做出决策。

### 3.注重服装质量、实用性

相对女性而言，男性更善于控制自己的情绪，在处理问题时能够冷静地权衡各种利弊因素，从大局着想。为此，男性消费者购买服装多为理性购买，不轻易受到外观、环境及他人的影响。在购买活动中的心境情绪变化不如女性喜欢联想、幻想，感情色彩比较淡薄。他们更加注重的是服装的使用效果及整体质量，并不会太关注细节。

### 4.不善于讨价还价

男性消费者普遍具有强烈的自尊心，购物时喜欢选购高档气派的产品，不太注重价格，而且不愿讨价还价，忌讳别人说自己小气或所购产品"不上档次"。

### 5.具有明显男性特征

男性消费者在购买服装时，往往对具有明显男性特征的服装更感兴趣，如夹克、西装等。为此，在接待男性顾客时，服装导购员要留意动作的迅速，语言简洁，切中要点，切不可磨磨蹭蹭，说话不得要领。

# 不同性格顾客购物心理分析

 【要而言之】▶▶▶

不同的顾客其性格特点不同，消费习惯也不一样，因此需要服装导购员因人而异来对待，具体区分。

【详细解读】▶▶▶

## 一、从容不迫型

这类顾客在购物时沉着冷静，理性思考。他们会认真看服装，观察他人对服装的反应，并仔细聆听服装导购员的解说，对自己不明白或者不赞同的方面积极提出问题或看法，但他们不会轻易被外界事物、广告宣传以及服装导购员的鼓动所影响，在冲动之下购买的行为是不会发生在他们身上的。

因此，对于这种类型的顾客，切忌操之过急，而应谨慎地运用层层推进的办法引导其购买行为。服装导购员必须从熟悉产品特点着手，多方分析、比较、举证、提示，使顾客全面了解产品及款式的优点所在。他们只有在理智的分析考虑之后，才有可能接受销售建议。

## 二、优柔寡断型

这类顾客在购物时通常举棋不定，总是觉得这件好，那件也不错，难以下定决心。他们对于服装的一切因素，包括质量、价格、品牌等，都是反复比较，难以取舍。只要服装质量有任何一点细节的地方让他不满或者存有疑虑，他们就很难有勇气下定决心购买。

因此，对于这种类型的顾客，必须保持足够的耐心。即使已经接近成交，也不可掉以轻心，他们说不定又由于哪一方面的考虑而退却了。在商谈时，尽量不受到对方情绪的影响，对他们所提出的一切异议都要认真对待，拿出有力的证据来说服他。一旦他们产生购买欲望，就要果断地采取行动，不可以拖泥带水，应督促对方迅速做出决定。

## 三、自我吹嘘型

这类顾客的虚荣心很强，总是喜欢自我吹嘘，炫耀自己。比如，当说到品牌信誉度很好时，他们总会说："我买了好几件某某品牌呢，比你们要好多了。"

因此，对于这类顾客，寒暄要远比介绍服装更为重要。你最好是少说多听，津津有味地对对方称好道是，且表现出一种羡慕敬佩的神情，做一个"忠实的听众"，先满足对方的虚荣心，然后提出交易请求，让他们在骑虎难下的时候进行交易成功率是最高的。

## 四、豪爽干脆型

这类顾客性格开朗乐观，做事干脆，不喜欢"婆婆妈妈"式的拖泥带水的做法，但又往往缺乏耐心，轻易感情用事，有时会轻率马虎。

因此，对于这类顾客，应侧重于情感攻击，让对方觉得你也是个喜欢交朋友、把友情看得比买卖更重的人。在介绍服装时应干净爽利，商谈价格更是不绕什么弯子，直爽地报出你的价格，并告诉他："我们的价格很实在，买与不买就看您的了。"要知道，假如你也表现得很爽快，他们会很乐意和你交朋友的，一旦成为朋友，他们是不会轻易拒绝你的。

## 五、喋喋不休型

这类顾客喜欢闲聊，常使服装导购员在销售过程中被不相关的事情干扰，并且总是喜欢凭自己的意见和主观意志判定事物，不轻易接受别人的观点。

因此，对于这类顾客，必须保持足够的耐心和控制能力，要随时留意将谈话拉回主题。在洽商时，态度要和善，不要过于热情，应选择适当的时机结束谈话。当顾客情绪高昂、高谈阔论时要给予一定的时间，切不可在顾客兴致正高时贸然制止，否则会让对方产生怨恨，越想急切地向对方说明，越会起到逆反作用。

## 六、沉默寡言型

这类顾客处事老成持重，感情不易冲动，在购物时会聆听服装导购员的介绍，但却不轻易表达意见，服装导购员很难知道他内心的真实想法。

因此，对于这类顾客，应做个循循善诱的"长者式服装导购员"，善于解答他们心中的疑虑，了解和把握他们的心理动态，才能确保双方的销售洽商不至于因冷淡而破裂。在介绍服装时，千万要避免讲得太多或者是只说不问，应引导对方谈谈他自己的看法，鼓动他说出自己的观点，甚至可以用问答的方式来引导对方开口说话。

## 七、吹毛求疵型

这类顾客对于服装导购员总是抱有不信任的态度，以为服装导购员只会夸张地说自己的产品如何如何好，却不会说产品有什么缺点和不足之处。在购物时，他们总是疑心很重，并且争强好胜，喜欢"鸡蛋里挑骨头"，一味"唱反调"或者"抬杠"，乐于当面和服装导购员辩论一番。

因此，对于这类顾客，你在介绍服装时应避免过分地掩饰服装的缺陷，而是要避重就轻，采用"负正法"进行解说。在探询出对方不满意的原因之后，逐一予以详解，用事实来支持自己的论点，并且少谈论题外话，以免节外生枝。当然，在心理上，你也可以尽量满足对方争强好胜的习惯，采取"迂回战术"，先与他交锋几个回合，但必须适可而止，然后故作"投降"，假装败下阵来，让其吹毛求疵的心态发挥完之后再转进销售的话题。

## 八、虚情假意型

这类顾客表面上和蔼友善，对服装导购员的解说抱着欢迎的态度，你有所问他必有所答。但一到具体的购买事宜，就会顾左右而言他，或者装聋作哑，不做具体表示。

因此，对于这类顾客，你要有足够的耐心与之周旋。你首先应取得对方的信任，光凭嘴说是没用的，你最好能拿出有利的证据。对于价格，千万不要轻易答应对方要求，否则对方不但会得寸进尺，甚至会由于你的让价而反以为产品质量存在问题，从而动摇他的购买决心和购买欲望。

## 九、冷淡傲慢型

这类顾客通常盛气凌人、不可一世，拒人于千里之外。他们思想顽固，不会轻易接受别人的建议，但一旦建立起业务关系就能维持较长的时间。在购物时，对服装质量和交易条件都会逐项把关，直至完全满足为止。

因此，对于这类顾客，应以尊敬、恭维、不卑不亢的态度对待，但必须坚守态度。有时候，你可以适当地采用激将法，刺激对方的购买欲望和爱好，可能会更容易促成交易。

## 十、情感冲动型

这类顾客轻易冲动，往往感情用事，多少带有点"神经质"，对于事物的变化总是很敏感的，并且爱往坏处想，任何一点小事，都有可能引起他们的不良反应。

对于这类顾客，服装导购员该表现得果断，不要给对方留下反复的余地。在洽商时，不要随便开玩笑，以免说错话，引起对方误会；一旦他的购买情绪被调动起来，你就要适时地摸索成交，开单收款应迅速，以防止其反复。

**销售语录**

*成功者懂得：自动自发地做事，同时为自己的所作所为承担责任。*

# 不同年龄顾客购物心理分析

**【要而言之】**▸▸

对于服装导购员来说，要想提高服务质量，增加交易成功率，一个关键因素就是要学会分析不同年龄段顾客的消费心理，投其所好。

**【详细解读】**▸▸

## 一、老年顾客的购物心理

老年人喜欢购买用惯了的东西，对新品常持怀疑态度，购买习惯稳定且不易受广告影响，希望购买方便舒适，对服装导购员的态度敏感。

### 1.老年顾客的购买动机

随着年龄增加，他们的消费经验也不断增加，哪些服装最能满足自己的需要他们心中有数，因此他们会多家选择，充分考虑各种因素，购买自己满意的服装。据统计，有20%的老年顾客属于习惯型的消费者。通过反复购买、穿着某种服装，对这种服装有着较为深刻的印象，逐渐形成固定不变的消费习惯和购买习惯。老年人的习惯购买心理还表现在：对于不喜欢的服装不轻易采买，极少发生冲动性购买。

但老年人也不是绝大部分属于习惯型消费者。随着时代的进步和生活节奏的加快，老年人表现出适应新环境和新事物的能力及愿望，方便实用才是他们真正考虑的因素。现在的老年顾客已不是我们想象中的那种只求价格便宜的消费者了。他们在购买服装时会考虑各方面的因素，价格只是他们考虑的因素之一。

### 2.购买服装时考虑的因素

老年顾客把服装的实用性作为购买服装的第一目的性。他们强调质量可靠

（29.8%）、方便实用（26.4%）、经济合理（25.8%）、舒适安全。至于服装的品牌、款式、颜色、包装，是放在第二位考虑的。随着人们生活水平的改善，收入水平的提高，老年顾客在购买服装时也不是一味追求低价格，品质和实用性才是他们考虑的主要因素。

### 3.老年人购买行为特征

（1）购买方式。老年顾客多数选择在大商场和离家较近的商店购买。这是因为觉得大商场所提供的服装一般在质量上可以得到保障，而且老年顾客的体力相对以前有所下降，希望能够在比较近的地方买到自己满意的服装，并且希望能够得到周到的服务。

（2）陪伴方式。大多老年顾客会选择与老伴或同龄人一道出门购物。老年人之间有共同话题，在购买服装时也可以互相参考、出谋划策，对于哪些服装适合于老年人比较了解。

这就说明，影响老年顾客购买行为的相关群体主要还是老年人。经调查，由于某些原因独自一人外出购物的老年顾客占37.4%。对于这部分老年顾客，服装导购员更要提供热情周到的服务，必要的时候提供送货上门服务等。

（3）心理惯性强，品牌忠诚度高。老年人在长期的消费生活中，形成了比较稳定的态度倾向和习惯化的行为方式，它主要表现在日常生活中的购买方式、使用方法、服装认知（或品牌认知）等方面。老年顾客对商标品牌的偏爱一旦形成，就很难轻易改变。

（4）价格敏感度高，要求物美价廉。老年人购物，一方面注意价格，择廉选购；另一方面是要求实惠。从一般的消费心态看，年轻人花钱买靓丽、买时尚，老年人花钱买实用、买传统。

（5）注重实际，追求方便实用。老年顾客心理稳定程度高，注重实际，较少幻想。购买动机以方便实用为主，在购买过程中，要求商家提供方便、良好的购物环境和服务。

**小提示**

由于精力、体力随着人的年龄增加而不断下降，即使生活情趣很高的老年人，对购买时的路途奔波、服装挑选的烦琐或者商场中人流的拥挤，也大多会感到心有余而力不足。

（6）补偿性消费。补偿性消费是一种纯粹的心理性消费，它是一种心理不平衡的自我修饰。在生活消费中表现为，人们将现代消费水平与过去消费进行比较，比较的结果大多是对过去生活某些方面感到遗憾和不满足，当家庭或个人生活水平较高且时间充裕时，对过去遗憾和不满足的补偿往往会成为他们的消费追求。

在生活中追忆往事是老年人的心理特征，而向往和憧憬未来是青年人的心理特征。同时，由于子女成人独立后，老年人的经济负担减轻，会试图补偿过去因条件限制未能实现的消费愿望，在穿着打扮方面有着较强烈的消费兴趣。

## 二、中年顾客的购物心理

中年人的心理成熟，个性稳定，不像青年人那样爱激动，爱感情用事，而是可以有条有理、明智剖析处置问题。中年人的这一心理特征在他们的购买行为中也有同样的表现。

### 1.理智性胜于激动性

随着年龄的增长，青年时的激动心情慢慢趋于平稳，理智逐步支配行动。中年人的这一心理特征表现在购买决策心理和行动中，使得他们在选购商品时，很少受商品的外观要素影响，而比较重视商品的内在质量和性能，常常经过分析、比较后，才做出购买决议，尽量使本人的购买行为合理、正确、可行，很少有激动、随意购买的行为。

### 2.方案性多于自觉性

大多数中年人都懂得量入为出的消费准绳，在购买商品前常常对商品的品牌、价位乃至购买的时间、地点都妥善布置，做到心中有数，对不需求和不适宜的服装绝不购买，很少有方案外开支和即兴购买。

### 3.购买较务实，节省心理较强

买一件实用的商品成为多数中年人的购买决策心理和行为。因而，中年人关注更多的是商品的价格是否合理，是否经济耐用。商品的适宜的价钱与较好的外观的统一，是中年消费者购买的动因。

### 4.购买有主意，不受外界影响

由于中年人的购买行为具有明智性和方案性的心理特征，使得其做事大多很有主意。他们经历丰厚，对商品的鉴别才能很强，大多愿意选择本人所喜欢的商品，对于导购员的推荐有一定的判别和剖析能力，对广告类的宣传也有很强的评判能力，受广告这类宣传方式的影响较小。

### 5.购买随俗求稳，注重服装的实用

中年人更关注别的顾客对该商品的意见，宁可压制个人喜好而表现得随大流，喜欢买大众化的、易于被接受的商品，尽量不使人感到本人不够稳重。

由于中年人的工作、生活担负较重，工作劳累以后，希望减轻家庭担负，因此非常喜欢具有实用性的商品，买了之后就一定会用，不会扔到一边当摆设。

## 三、青年顾客的购物心理

青年消费者人口众多，也是服装导购员竞相争夺的主要消费目标。因而，理解青年消费者的购买心理特征，对于店铺的运营和开展具有非常重要的意义。

一般来说，青年顾客的购物心理特征具有以下几点。

### 1.追求时髦与新颖

青年人的特性是热情豪放、思想活泼、富于梦想、喜欢冒险，这些特性反映在购买心理上，就是追求时髦和新颖，喜欢购买一些新的产品，尝试新的生活。

### 2.表现自我与个性

青年人的自我认识日益增强，激烈地追求独立自主，在做事情时，力图表现出自我个性。这一心理特征反映在消费行为上，就是喜欢购买一些具有某种个性特征的商品，而且这些商品最好是能表现本人的个性特征，对那些普通化、不能表现自我个性的商品，他们都嗤之以鼻。

### 3.容易激动，注重情感

由于人生阅历并不丰富，青年人对事物的剖析判别能力还没有完整成熟，他们的思想感情、兴趣喜好、个性特征还不完整稳定，因而在处置事情时，常常容

易感情用事，以致产生激动行为。他们的这种心理特征表现在消费行为上，那就是容易产生激动性购买，在选择商品时，感情要素占了主导位置，常常以能否满足本人的情感愿望来判断商品的好坏，只要本人喜欢的东西，一定会想方设法迅速做出购买决策。

## 四、大学生的购物心理

大学生作为一个特殊的消费群体，其消费心理和消费行为也呈现出独特性。因此，这样一个特殊而庞大的消费群体对服装消费市场起着日益重要的影响作用。

大学生在物质生活上的追求已不再仅局限于饮食方面，而是贯穿于衣食住行各个方面，其中对服装消费的需求尤为突出，占个人消费支出的比重日益增大。其服装消费心理主要表现在以下三个方面。

### 1.追求时尚，品牌意识浓厚

大学生处在信息"轰炸"的前沿阵地，每时每刻都深受各类信息的影响，这也使其消费观念发生着改变：大多数大学生都形成了追求时尚的心理，具有浓厚的品牌意识，关注各类时尚信息，对于各大品牌了如指掌。

在服装消费方面就是这种心理的典型代表。如今，在各高校的校园中，随处可见穿着各类品牌服装的同学，也许款式、颜色、材料各不相同，但有一个共同点是这些服装都"出自名门"。

### 2.攀比心理，喜欢从众

一方面，大学生的学习、生活都是以集体的形式出现的。因此，不管是在学习、生活或是其他方面都难免会出现相互攀比的心理。对于服装的品牌、款式、功能、颜色等会相互评价，甚至相互炫耀。另一方面由于大学生在审美、认知方面具有共通性，并且大学生普遍具有模仿和依从心理特性，因此往往容易被同化，从而表现出从众的心理特点。

### 3.崇尚个性，品牌忠诚度不高

如今大学生崇尚个性自由，注重个性的发展，而服装作为一个人性格、心理的外在表现，理所当然地成为了彰显个性的重要途径。因此，在选购服装时，会将自己的个性因素考虑进去，针对自己的个性选择服装。

个性温和、性格内向的学生会选择款式大众化、颜色偏暗的服装。对个性张扬的大学生来说，也许"奇装异服"会成为其首选。所以说，他们忠诚的是自己的个性，而不是某一固定品牌，在做出购买行为时首先考虑的并不是品牌，而是钟爱于那些符合其个性的服装。

 **情景再现**

### 这款衣服不错，我逛一会再过来

导购员：这是我们店一直以来很畅销的款式，就剩最后几件了，过会，我不敢保证您要的尺码是否还有，如果您还拿不定主意，您不妨再试穿上认真感觉一下，如果不满意，再去看其他的也不迟，您说呢？

导购员：您考虑得很周到，多看看，可以多些选择，其实我们店铺还有很多其他款式，我可以给您找一款相搭配的或是其他的款式，让我们再对比一下，如何？

**服装销售从入门到精通**
从目标到业绩的高效销售技巧

# 第五章
# 门店接待导购技巧

### 导言

门店里每天都会有顾客进进出出，他们有的带着目的，有的只是随便看看，对于这些潜在顾客，需要导购员及时地邀请并做好接待，通过和他们沟通，进而了解他们的需要，最终达成销售。

销售冠军
成长记系列

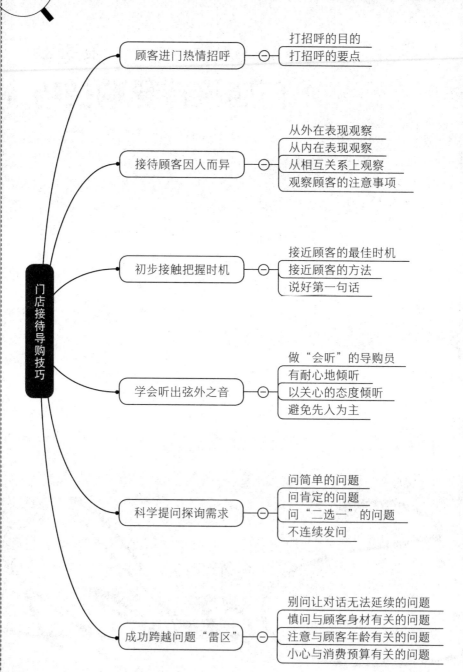

门店接待导购技巧

顾客进门热情招呼 ─ 打招呼的目的
打招呼的要点

接待顾客因人而异 ─ 从外在表现观察
从内在表现观察
从相互关系上观察
观察顾客的注意事项

初步接触把握时机 ─ 接近顾客的最佳时机
接近顾客的方法
说好第一句话

学会听出弦外之音 ─ 做"会听"的导购员
有耐心地倾听
以关心的态度倾听
避免先入为主

科学提问探询需求 ─ 问简单的问题
问肯定的问题
问"二选一"的问题
不连续发问

成功跨越问题"雷区" ─ 别问让对话无法延续的问题
慎问与顾客身材有关的问题
注意与顾客年龄有关的问题
小心与消费预算有关的问题

# 顾客进门热情招呼

**【要而言之】** ▶▶

无论对哪种类型的顾客，打招呼都是导购员开展销售工作的第一个步骤，也是迎接顾客中最关键的步骤。导购员的招呼可以在短时间内缩短和顾客之间的距离，在顾客心里树立起一个良好的印象。

**【详细解读】** ▶▶

## 一、打招呼的目的

导购员与顾客打招呼，目的是为了告知顾客四个信息，具体如下图所示。

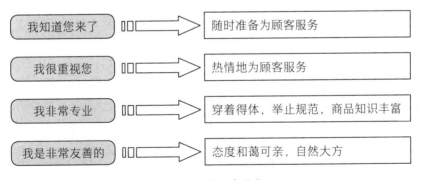

**告知顾客的四个信息**

## 二、打招呼的要点

导购员在与顾客打招呼时，要把握下图所示的要点。

称呼恰当

时机刚好

距离适中

**打招呼要点**

接触眼神

热情微笑

语气温和、亲切

**打招呼要点**

### 1.称呼恰当

根据顾客的年龄、性别、职业和身份特征等给予顾客不同的称呼，能够使顾客觉得更加亲切。

比如，对于老年人，可称呼其"老大爷""老爷爷""老奶奶""大妈"，若对方文化层次较高，则可称呼其"老先生""夫人"等。对于中年人可称呼其"先生""太太"等。对于年轻人可称呼其"先生""小姐"等。若是小孩则可称呼其"小弟（妹）""小朋友""小同学"等。

### 2.时机刚好

当顾客把脚步放慢或停下脚步，调整视线了解卖场的情况；或是环顾四周观察卖场内的布置时，导购员即可上前与顾客打招呼。

**小提示**

顾客刚进来时，导购员如果急于上前打招呼，会令顾客感觉自己被打扰了，因此导购员要学会在顾客进门一会儿后再打招呼。

### 3.距离适中

顾客进门后，导购员要注意把握好与顾客的距离，这个距离最好保持在1.5 ~ 3m之间，不远也不近。这样既可以让顾客看见导购员的存在，又不会给顾客太大的压力。

### 4.接触眼神

导购员在与顾客进行眼神接触时，应注意以下几点。

（1）直视顾客让顾客知道导购员已关注到他的到来，让顾客有受尊重的感觉。

（2）直视顾客不是直愣愣地盯着顾客看，而是稍稍与顾客的目光接触即可。

（3）导购员的视线最好位于顾客眼睛与鼻子之间的位置，千万不要用眼睛上下打量顾客，那只会让顾客反感。

### 5.热情微笑

微笑是世界的共同语言，就算语言不通，一个微笑就能带给彼此一种会心的感觉。所以，微笑是导购员最好的语言工具，在有些情况下甚至不需要一言一行，只要一个笑容就可以打动顾客。

**当顾客靠近的时候，导购员绝对不能面无表情地说"请问找谁？有什么事吗？您稍等……"，这样的接待会令客户觉得很不自在；相反，你一定要面带笑容地说"您好，请问有什么需要我服务的吗？"**

接待顾客的第一秘诀就是展现你的亲切笑容。只有发自内心的微笑才是最真诚的笑容，而导购员要想在任何情况下都能展现这样的笑容，就需要进行刻意的训练。

人的脸上一共有17块肌肉，它们会牵动每一个笑容，只要有一块肌肉失去作用，你的笑容就不能完美展现，所以，要多多练习如何微笑。当然，会很好地控制自己的情绪也是进行训练的一项必不可少的内容。只要你做到这两点，你就可以拥有自然而又亲切的笑容了。

**小提示**　　要想拉近你与顾客之间的距离，一定要展现你天使般的笑容，而且这个笑容要像小孩子一样天真无邪。

### 6.语气温和、亲切

无论顾客的消费档次、态度如何，导购员都应该一视同仁，在打招呼时要保持温和亲切的语气。不过，不同的顾客，其温和、亲切的语气也应有所侧重。

（1）当走进门店的是一个年轻人时，导购员的神态可以表现得活泼、热情。

（2）如果是异性顾客，导购员招呼时的态度就要显得庄重大方，让对方感觉既自然又不轻浮。

（3）对于老年顾客，导购员的态度就要亲切。

 **情景再现**

---

**如何避免闲逛客人顺口否决即将成功的销售**

**错误应对：**

（1）哪里不好看啦？

（2）你不买东西就不要乱说。

（3）你不要听他的，他乱说的。

（4）拜托你不要这么说，好吗？

**正确应对：**

（1）（微笑着对闲逛客人说）这位小姐，感谢您的建议，请问您想看什么样的款式呢？（快速处理闲逛客人后将目光重新转移到顾客身上）张小姐，就比如鞋穿在脚上是否舒服只有自己最清楚，您说是吗？张小姐，我在这个行业做五年了，我是真心想为您服好务。我认为这款真的非常适合您，您看……（介绍商品优点）您觉得呢？

（2）（微笑着对闲逛客人说）谢谢您，这位小姐，请问，您今天想看点什么？（快速处理并支开闲逛客人后微笑着对顾客说）小姐，在生活中，没有一个人敢保证所有人都会喜他，您说是吧？其实买东西也是一样的道理。小姐，我在这个行业做了五年了，我可以负责任地告诉您，这款产品完全符合您的需求，真的是非常适合您，您看……（阐述商品的优点）

（3）（微笑着对闲逛客人说）这位小姐，谢谢您的建议，其实每个人对自己需求喜好、搭配等的理解都会有差异，您说是吧？请问小姐，您今天想看点什么呢？（快速处理闲逛客人后微笑对顾客说）

# 接待顾客因人而异

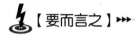

【要而言之】▶▶▶

顾客进店后，要给他15s的时间。这15s里让顾客自己观察店里的产品，此时导购要与顾客保持一定距离而且要在正确的方位，并且要利用这15s对顾客进行观察和分析，从而采用相对应的接待对策，为进一步销售做准备。

【详细解读】▶▶▶

## 一、从外在表现观察

从外在表现观察顾客，是指从顾客的年龄、性别、服饰、职业特征来进行判断。不同的顾客，对商品的需求各不相同。当顾客临近时，导购员应根据不同的人，有针对性地推荐和介绍产品。

1.从年龄观察顾客的需求

不同年龄段的顾客有不同的接待要求，导购员应该对其进行区别对待。

**不同年龄顾客的消费需求和应对要点**

| 顾客类型 | 消费需求 | 应对要点 |
|---|---|---|
| 老年顾客 | （1）喜欢购买惯用的商品，对新商品常持怀疑态度<br>（2）不易受广告宣传的影响<br>（3）希望购买经济实惠、方便舒适、售后服务有保障的商品<br>（4）挑选仔细，对导购员的态度反应非常敏感 | （1）多举例子，以事实说话<br>（2）多对他们的观点表示认同<br>（3）耐心地说明商品用法、用途<br>（4）服务时要有耐心、热情 |

续表

| 顾客类型 | 消费需求 | 应对要点 |
|---|---|---|
| 中年顾客 | （1）喜欢购买已被证明其使用价值的新商品<br>（2）对既经济，质量又好，还有装饰效果的商品感兴趣<br>（3）多属于理智购买，购买时比较自信<br>（4）经济状况较好，但头脑中价值观念较强 | （1）以亲切、诚恳、专业的态度对待他们<br>（2）不要急于介绍商品，先注意观察判断<br>（3）侧重介绍商品性能和特点，突出其内在品质<br>（4）推荐中注意培养感情，发展"回头客" |
| 青年顾客 | （1）喜欢购买新颖、流行的商品<br>（2）多数购买行为具有明显的冲动性，易受外部因素影响<br>（3）追求档次、品牌，对消费时尚反应敏感，具有强烈的生活美感<br>（4）价值观念淡薄，只要是喜爱的商品，就会产生购买欲望和行动 | （1）尽量向他们推荐流行、前卫的商品<br>（2）当顾客有购买欲望时，立即开单，让其付款，并装好商品<br>（3）重点强调商品的新特点、新功能、新用途<br>（3）宣传商品时注意激发其购买情感 |

## 2.从服饰观察顾客的需求

服饰是一个人的仪表中非常重要的组成部分。一个人的穿着打扮就是他教养、品位、地位的最真实的写照。

一般来说，穿戴服饰质地优良、式样别致、名牌、价格昂贵的的产品的顾客，即表明其有较高的购买力水平；而穿戴服饰面料普通、式样过时的顾客，大多表明购买力水平较低。

## 3.从职业观察顾客的需求

从职业种类看，城镇工薪阶层购买力较强；农村农民、城镇无业者，购买力也相对较低。

小提示

金牌导购员会通过观察客户的外表，大体上知道这些客户的购买力，从而有针对性地向客户介绍、推荐商品，这样往往成交率较高。

## 二、从内在表现观察

从内在表现观察，是指从顾客的视线、言谈、举止上进行判断。眼睛是心灵的窗户，语言是心理的流露，举止是思索的反应。从顾客的言谈举止、表情流露能进一步了解顾客的脾气和性格，从而确定顾客的购买需求和购买动机。

### 1.从顾客行为观察

顾客购物时的不同行为表现，会表现出他们不同的消费需求。具体如下表所示。

**不同表现行为的顾客的消费需求与接待要点**

| 顾客类型 | 消费需求 | 应对要点 |
|---|---|---|
| 走马观花型顾客 | （1）一般行走缓慢、谈笑风生、东瞧西看，哪儿有热闹往哪儿去<br>（2）没有特定的购买目标，遇到感兴趣的产品就有可能购买 | 随时注意其动向，当他到货架查看商品时，导购员应热情接待，推荐商品 |
| 一见钟情型顾客 | （1）喜欢新奇的东西，当对某种商品产生兴趣时，就会表露出中意的神情并询问<br>（2）有一定的购买范围，一旦看到合适的产品，购买的概率就很大 | 面对顾客的询问，导购员要根据顾客对产品的关注点进行主动推荐 |
| 胸有成竹型顾客 | （1）目光集中，脚步轻快，直奔商品而来<br>（2）有特定的购买目标，找到后直接购买 | 导购员应迅速接近，积极推荐，快速成交 |

### 2.从顾客态度观察

通过观察顾客进店后的态度，也能判断出顾客的消费需求。具体如下表所示。

**不同态度的顾客的消费需求与接待要点**

| 顾客类型 | 消费需求 | 应对要点 |
|---|---|---|
| 慎重型顾客 | 这类顾客在选购商品时，总是挑挑这个，选选那个，拿不定主意 | 对这类顾客，我们不能急急忙忙地问："您想买点什么？"而应该拿出至少两种以上的商品，以温和的态度对比介绍，直至顾客满意为止 |

续表

| 顾客类型 | 消费需求 | 应对要点 |
|---|---|---|
| 反感型顾客 | 这类顾客对于介绍的商品总是抱有怀疑的态度 | 对这类顾客，应该适当地给予其一定的选购空间，在给顾客介绍商品的时候要切实地站在顾客的角度为其考虑，以扬真诚之长，让顾客更放心 |
| 挑剔型顾客 | 这类顾客对于介绍的商品总是觉得这个不行，那个也不好 | 对这类顾客，不要加以反驳，要耐心地去听他讲，仔细分析他不满意的地方在哪里，然后逐渐排除他不满意的点，尽量推荐更多商品供顾客选择 |
| 傲慢型顾客 | 这类顾客态度比较傲慢，经常会提出抱怨和指责，说话一般比较刺耳 | 接待这类顾客，要采取镇静、沉着的态度，不要与顾客去争辩是非对错，只要尽力将顾客的目光和注意力引导到商品上即可 |
| 谦逊型顾客 | 这类顾客比较善于思考和观察，他不喜欢说，但是会用敏锐的眼睛观察各个方面 | 在接待这类顾客的时候，一定要注意自己的言谈举止，不仅要诚恳而又礼貌地介绍商品的优点，而且要介绍商品的缺点 |

## 三、从相互关系上观察

　　顾客到商店买东西，特别是购买数量较多、价格较高的商品时，大多是结伴而来，在选购时由于各自的个性特征及兴趣、爱好不同，意见往往不一致。接待这样的顾客，导购员要弄清以下情况。

　　（1）谁是出钱者。有些时候符合出钱者的意愿是很重要的。

　　（2）谁是商品的使用者。有些时候使用者对选定商品起决定作用。

　　（3）谁是同行者中的"内行"。由于"内行"熟悉商品，所以虽然他既不是使用者，又不是出钱者，但对商品选定起着重大作用。

　　在了解了上述情况以后，导购员还要细心观察、分清主次，找到影响该笔生意的人，然后以该人为中心，帮助他们统一意见，选定商品。

## 四、观察顾客的注意事项

导购员在接待顾客的过程中，要学会"察言观色"，留意顾客的衣着、谈吐和行为举止，并对顾客进行分析判断，但是在观察过程中，要注意以下两个问题。

### 1.控制好距离

每个人都会设定一个安全的距离以保障自身的安全。安全距离之内的位置只留给特别亲近的人，如亲人和朋友。如果其他人未经许可随便进入这个范围，就可能使人产生警惕和防备心理。

### 2.自然大方

观察顾客是为了了解顾客，进而更好地为顾客提供服务。导购员在观察顾客时应该自然大方、表情轻松，不要扭扭捏捏或紧张不安；也不能表现得太过分，从而让顾客感觉到像是在受监视。

销售语录

不管你是多么擅长说服顾客购买许多东西，也必须让顾客如其所愿，照付那些金额才行，否则便不能说是一位优秀的销售员了。

# 初步接触把握时机

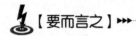

顾客进店后，边和顾客寒暄，边接近顾客，称为"初步接触"。初步接触成功是销售工作成功的一半。但难度就在如何选择恰当时机，不让顾客觉得过于突兀。

**【详细解读】** ▶▶▶

## 一、接近顾客的最佳时机

让顾客自由地挑选商品并不意味着对顾客不理不睬，不管不问，关键是你需要与顾客保持恰当的距离，用目光跟随顾客，观察顾客。一旦发现时机，立刻出击。

最佳时机的表现如下。

（1）当顾客看着某件商品时（表示有兴趣）。

（2）当顾客突然停下脚步时（表示看到了喜欢的商品）。

（3）当顾客仔细打量某件商品时（表示有需求，欲购买）。

（4）当顾客找水洗标、吊牌时（表示已产生兴趣，想知道品牌、价格、产品成分）。

（5）当顾客看着产品又四处张望时（表示欲寻求导购的帮助）。

（6）当顾客主动提问时（表示顾客需要帮助或介绍）。

在这些时候，导购员可以迅速抓住机会去接待顾客，一般顾客都会接受，但是否就意味顾客就一定能接受你呢？不一定，这个时候还有很多顾客会说："我随便看看，有需要再叫你"之类的话，此时要学会礼貌地撤退，并继续用余光观察顾客，寻找下一次接近顾客的机会，不要轻易放弃。

## 二、接近顾客的方法

### 1.提问接近法

比如，"您好，有什么可以帮您的吗？""这件衣服很适合您！""您的眼光真好，这是我公司最新上市的产品。"

### 2.介绍接近法

看到顾客对某件商品有兴趣时上前介绍产品。介绍产品时，可采用下图所示的FAB法则。

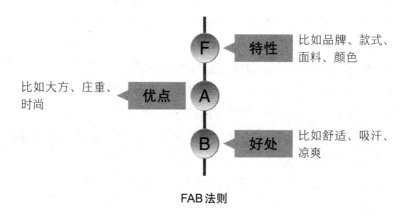

**FAB 法则**

### 3.赞美接近法

即以"赞美"的方式对顾客的外表、气质等进行赞美，接近顾客。

比如，"您的包很特别，在哪里买的？""您今天真精神！""小朋友，长得好可爱！"（带小孩的顾客）

通常来说赞美得当，顾客一般都会表示友好，并愿意与你交流。

### 4.示范接近法

利用产品示范展示其功效，并结合一定的语言介绍，来帮助顾客了解产品，认识产品。最好的示范就是让顾客来试穿。有数据表明，68%的顾客试穿后会成交。

**小提示**

与顾客交流的距离，不宜过近也不宜过远。正确的距离是1.5m左右，也是我们平常所说的社交距离。

## 三、说好第一句话

接近顾客的第一句话也相当重要。说好了可以直接帮助销售，说不好直接可能造成顾客的流失，所以我们说的第一句话就要打动顾客的心，激发顾客的兴趣，继而使其产生试穿的欲望。这句话其实有很多种说法，不过最好要有最、非常、新款、很受欢迎等形容词，还要有赞美顾客的内容。

比如"美女，你真是好眼光，一眼就看中我们刚上市的最新款，它的设计很有品位，很适合你，我帮你拿出来试用一下。"

一句赞美让顾客心理舒服，同时也介绍了款式特征（刚上市的最新款），吸引顾客注意，激发顾客的兴趣，这时让顾客体验，一般顾客是不会拒绝的。

导购员可以采用类似以下的开场白来接近顾客。

（1）"先生，您很有眼光，这是我们的新产品，这个款式风格很独特……"（采用赞美的方式接近顾客）

（2）"先生，我们这款产品现在卖得非常好，我来帮您介绍一下……"（单刀直入，开门见山）

（3）"先生，您好，这是我们目前刚刚上货的最新款式，款式简练，与众不同，我帮您打开看看……"

（4）"先生，您好！这是今年最流行的款式，不但彰显品位，而且它的面料还特别……这边请！我为您详细介绍。"（突出新款的特别）

（5）"先生，您眼光真好，这款是公司最新推出的，非常适合您这样的人，您不妨感受一下！"

# 学会听出弦外之音

【要而言之】▶▶▶

　　积极倾听对方的谈话，可以满足他被关注、被重视以及受到尊重的需求。因此，要想建立信赖感，导购员需要做一名好的倾听者。只有"会听"的导购员才能听出客户的弦外之音，最终才能达成销售。

【详细解读】▶▶▶

## 一、做"会听"的导购员

　　用心倾听虽然会耗费导购员的时间和精力，但它是投资，是会有回报的。虽然花掉了时间去倾听顾客的说话，但是了解了顾客的需求和意见之后，就能根据顾客的需求和意见，有针对性地介绍产品，促进销售。

　　顾客的满意或不满意、赞同或不赞同，都会通过其语言或身体语言反映出来。"会听"的导购员通常从聆听中可以迅速判断出顾客的类型、顾客真正的需求。

　　比如，顾客说："这套桌椅质量确实不错，就是样子和颜色不是很满意！"

　　"不会听"的导购员：介绍顾客看其他样式和颜色的产品。顾客看了一圈后，淡然离开。

　　"会听"的导购员：立即判断出顾客的真正意思——可能是觉得价格高了。如果看出顾客确实想购买，就会继续说："目前这款式和颜色是最流行的，如果您现在就购买，价格上我们可以再商量。"顾客很高兴地与导购员商量价格后满意而归。

　　很显然，只有"会听"的导购员才能听出客户的弦外之音，最终才能达成销售。

## 二、有耐心地倾听

导购员在提供服务时，要以诚恳、专注的态度倾听顾客的陈述，给顾客充分的表达时间，尤其在介绍完相关知识后，要耐心地倾听顾客的意见和想法。

> 顾客通常不会将自己的想法多讲几遍，也不会反复地强调重点，有时候甚至还会故意隐藏自己的真实需求，这就需要导购员在倾听时保持高度的耐心和细心。

**小提示**

通常，顾客所说的话是有一定目的的，有时候，一些无关需求的话题，导购员也许会认为无关紧要，可对顾客来说却意义非凡。此时，如果导购员表现出厌烦或不专心，那么很可能会使顾客生气，甚至会影响其购买的欲望。

## 三、以关心的态度倾听

以关心的态度倾听，像是一块共鸣板，让顾客能够试探你的意见和情感，不要用自己的价值观去指责或评判顾客的想法，要与他们保持共同理解的态度。在顾客的谈话过程中，不要马上问出许多问题，因为不停地提问，会使顾客觉得在受"拷问"。让顾客畅所欲言，无论是称赞、抱怨、驳斥，还是警告、责难、辱骂，都要求导购员仔细倾听，并做出适当的反应，以表示关心和重视。

（1）带着真正的兴趣倾听顾客在说什么。

（2）要理解顾客所说的话，不要漫不经地听（左耳进、右耳出）。

（3）要学会用眼睛去"听"，始终保持与顾客目光接触，观察他的面部表情和声调变化。

（4）必要时，记录顾客所说的相关内容：它会帮助你更认真地听，并记住对方的话。

（5）对顾客的话适当予以回应：人们往往希望自己的话得到听者的共鸣，因此在听的同时，不时点头，适时插入一两句，这样会让顾客觉得不是在敷衍，而是在认真地听。

## 四、避免先入为主

一天中午，顾客走进一家餐厅，点了一份汤，过了一会，服务员给他端来了。服务员刚走开，顾客说："对不起，这汤我没法喝！"服务员没有多问，又重新给他上了一碗。顾客还是说："对不起，这汤我没法喝！"服务员无奈，只好喊来了经理。经理毕恭毕敬地说："先生您好，这汤是本店最拿手的，深受顾客好评，难道您……"顾客说："我是想说，没有勺子，我怎么喝？"

不要一开始就假设你知道顾客的意思而打断他的话，除非你想让他们离你而去。倾听顾客说话时，要保持耳朵的通畅，闭上嘴，全心全意地倾听他们所讲的每一句话。

要通过顾客的谈话来鉴定他们最关心的话题，然后根据他们的需求提出合理化建议，只有这样，才能收到事半功倍的效果。否则，就会造成先入为主的观念，认为自己真正了解顾客的需求，而不认真去听。

听完顾客的话后，应征询顾客的意见，有重点地复述他们讲过的内容以确认自己所理解的意思和顾客表达的意思是否一致。如"您的意思是……""我没听错的话，您需要……"

在还没有发现"什么对于顾客最重要"之前，导购员不要贸然提供信息，因为那无异于告诉顾客你不是在关心他们的需要或问题所在，并且该信息很快会被遗忘。只有让顾客完全感到你确实了解他们的需求后，你的信息才会被视为"无价之宝"。

小提示

　　真正优秀的导购员，倾听顾客的讲话时，不仅在听顾客所说的话，而且还能设身处地地理解顾客的感受，听取顾客的意见，协助顾客分析和解决问题。

相关
链接

### 导购员如何学会倾听

导购员要学会倾听客户，从客户的角度而言，导购员听客户说得越多，越是能够得到客户的喜欢。因为导购员的倾听对客户来说，不仅仅是一种礼貌，更是一种尊重。并且，导购员的倾听让客户有了倾诉和发泄不满的渠道。所以，导购员所要做的就是让客户没有压力地说出他的想法。

那么，在倾听的过程中，导购员到底应该着重听些什么呢？

### 1.问题点

导购员是做什么的？有的人说是把产品卖给客户，有的人说是为客户提供解决方案，还有的人说是为客户服务，无论答案是什么，归根到底，销售之所以成功，是因为产品或服务可以帮助客户解决问题。在实际的销售对话中，客户的问题会出现很多种，真假难辨，无法预料。导购员的任务是听出客户真正的问题所在，而最核心、最令客户头疼的问题，客户自己是不会坦白的，这一点导购员应该清楚，所以要配合提问来引导。

### 2.兴奋点

客户的购买行为一般有两个出发点：逃离痛苦和追求快乐。问题点就是让客户感到痛苦的"痛点"，兴奋点就是让客户感觉快乐的理由。做导购就是既让客户感觉痛苦，同时又让客户感觉快乐的过程。典型的导购流程通常是先让客户思考他所面临问题的严重性，然后展望解决问题后的快乐感与满足感，而销售的产品正是解决难题、收获快乐的最佳载体与方案。听兴奋点，关键是听容易让客户感到敏感的条件和情绪性字眼，同时还要注意每个特定阶段的肢体语言配合。

### 3.情绪性字眼

当客户感觉到痛苦或兴奋时，通常在对话中要通过一些字、词表现出来，如"太好了""真棒""怎么可能""非常"等，这些字眼都表现了客户的潜意识导向，表明了他们的深层看法，导购员在倾听时要格外注意。

一般而言，在成交的那一刻，客户做决定总是感性的。所以每当客户在对话中流露出有利于购买成交的信号时，就要抓住机会，及时促成。另外，在销售沟通过程中，客户通常也会通过肢体语言来表达情绪。

常见的积极的身体语言有歪头、手脸接触、屈身前倾、拇指外突、双手抱在脑后；消极的身体语言有拉扯衣领、缓慢眨眼、腿搭在椅子上、缓慢搓手掌。

客户在销售中总是习惯"言不由衷"，因此导购员要懂得通过无意识的肢体语言来把握客户的心理动态。

在倾听的过程中，导购员要分清主次，着重把握客户语言中的问题点、兴奋点、情绪性字眼，这样才能更好地了解客户的所思所想。

 **情景再现**

## 如何应对顾客的价格异议

**情景一：这个面料不过是涤纶的，价格怎么就这么贵？**

导购员：其实与价格相关联的因素比较多，比如设计、工艺、质量、售后等，都会影响到价格，虽然这款是涤纶面料，但是在工艺……（突出产品其他优点）

导购员：这不是普通的涤纶面料，它是经过特殊加工而成的，经过特殊工艺处理……，它具有……（突出面料优点），因此它的价格相比其他的会略高些，您可以先试穿看看，感觉一下，这边请……

**情景二：价格上能再便宜一点吗？**

导购员：您说得对！如果我是您的话，买了3件也一定会希望打折，但如果您是我们的老顾客，您就会知道我们的产品的售价本身就比较优惠，而不是通过抬高价格来打折。

导购员：您是我们的老顾客了，对我们的价格也有一定的了解，通常我们是没有其他优惠的，不过，为了感谢您对我们品牌的支持，这样吧！……（加上一些小赠品），我帮您打包起来吧。

# 科学提问探询需求

**【要而言之】** ▶▶▶

女装导购应能够正确地应引导消费者购物，更直接地说就是要科学合理地进行发问，进而让消费者掏钱购买。那么什么是正确的发问呢？这里有4个方法，一起来看看吧！

**【详细解读】** ▶▶▶

## 一、问简单的问题

在导购前期，问话更多的是探寻顾客的需求，看顾客想买什么样的产品，顾客一旦有了需求，便展开对顾客的产品推荐和有针对性、有说服力的介绍。

想让顾客说出自己的需求，就需要问一些简单的问题，不问那些敏感、复杂的问题。这样也便于回答，利于拉近和顾客的距离。

比如"是您自己穿，还是送人？"

"您平时喜欢穿什么颜色？"

"您需要什么样的款式？"

## 二、问肯定的问题

在导购沟通的过程当中，可以问些肯定的问题，这样顾客会觉得你提出的问题是为她着想，也会在潜意识当中加强顾客购买的欲望。

比如"如果穿得不合适，买了用不了几次，反而是浪费，您说是吧？"

"买衣服穿着舒服非常重要，您说是吧？"

"买东西质量非常重要，您说是吗？"

"买品牌的产品售后服务比较重要，您说是吧？"

## 三、问"二选一"的问题

在导购后期，在顾客对产品产生浓厚兴趣，有可能购买的情况下，问一些二选一的问题。忌讳的就是节外生枝，又给顾客另外推荐，产品看多了，经常是看花眼，结果顾客就无法下决定，走了出去回头的就很少了。

比如"您是选择蓝色还是绿色？"

"您喜欢贴身一点的还是宽松一点的？"

"请问您是用现金付款还是刷卡？"

"您看重的是款式还是实用性？"

"您考虑的是款式还是颜色？"

## 四、不连续发问

连续发问就是"查户口"，很快会引起反感，原则是不连续问超过两个问题，问了问题等顾客回答，根据顾客的回答，来做针对性的推荐。

 **情景再现**

### 应对顾客质疑促销品质量有问题的话术

导购员："您有这种想法可以理解，这种情况在行业里确实也存在过。我们这些促销产品质量是绝对没有问题的，只是因为码数不齐（或其他促销原因，如说按厂家规定统一促销等），所以价格才比以前要优惠得多，现在购买是非常划算的！"

导购员："我们销售的产品是不会有质量问题的，因为这个品牌的产品在出产前通过了严格的质检流程，即使在销售过程中产生了瑕疵，我们也不会销售给顾客的，因为我们不会拿品牌信誉来开玩笑。"

# 成功跨越问题"雷区"

**【要而言之】▶▶▶**

服装导购员在探询顾客需求时，也要注意提问的艺术，有些问题是根本不能问的，有些问题是不能直接问的。不能问的、不能直接问的问题就是问题"雷区"。

**【详细解读】▶▶▶**

作为服装导购员千万注意不要踩到以下几个问题"雷区"，否则将会失去顾客。

## 一、别问让对话无法延续的问题

封闭式问题有一个最大的缺点，就是很容易把话说"死"，把对话变成"死话"。比如，服装导购员问顾客："您喜欢红色还是绿色？"如果顾客两个都不喜欢的话，那他该怎么回答？如果心情好，他也许会告诉你，他都不喜欢；如果心情不好，他会扭头就走。

以下是"死话"与"活话"的范例，服装导购员可参考，以便工作中灵活运用。

（1）"死话"——令对话终结。

"您需要我帮忙吗？"

"这是您想要的牌子吗？"

"您是否要西装？"

（2）"活话"——令对话延续。

"我可以怎样帮助您？"

"您想要哪个牌子？"

"您想要哪一种款式的西装呢？"

服装导购员在问话时一定要注意多说"活话"，少问"死话"，即最好多用开放式的问题，如果要用封闭式的问题也要注意技巧，这样才能使对话一直延续下去。

## 二、慎问与顾客身材有关的问题

有时顾客太胖，或者有其他的特殊之处，服装导购员在发问时千万不能问与身材有关的问题。

一天，刘太太和刘先生来到一家服装专卖店买衣服。服装导购员小玲热情上前接待了他们。小玲看到刘太太长得比较胖，于是推荐几件较适合胖人穿的衣服给她，但是刘太太都不喜欢。刘太太自己挑了一会儿，看中了一件印花的连衣裙。她把衣服穿在身上，对着镜子一照，感觉非常满意。她很开心地说："老公，这条裙子的印花好漂亮，我好喜欢啊。"刘先生点点头："你喜欢就买吧。"一旁的小玲忍不住说："太太，这种花形是很漂亮，不过比较适合瘦一点的人穿。您的腰围有多少呢？"

刘太太一听，脸一沉，一言不发地走进更衣室把衣服换了，拉着刘先生就走。小玲在一旁，愣了半天也不知道发生了什么事。

小玲的错误就在于问了不该问的问题，刘太太身材比较胖，她自然很忌讳这一点，但是小玲还自作聪明地问刘太太的腰围，这时小玲可采取"我可以帮您量一下尺寸吗？"的方式来找自己需要的答案。

## 三、注意与顾客年龄有关的问题

有些顾客挑选的商品并不适合自己的年龄，服装导购员出于好心，会提醒他这样的商品不适合他的年龄，结果有时好心反而办坏事，惹得顾客不愉快。特别是对女性顾客，更要注意这一点。

星期天，某服装专柜来了一位五十多岁的女士，服装导购员小红赶紧迎了上去。该女士在牛仔裤前左挑右选，后来看中了一款天蓝色的牛仔裤，有意买下。小红犹豫了一下，还是忍不住对顾客说："阿姨，这种颜色比较适合年轻女孩子穿，您是自己穿吗？"那位女士停顿了两秒钟，放下裤子丢下一句"不买了"，扭头走了。

## 四、小心与消费预算有关的问题

在一些情况下，服装导购员总想了解顾客购物的预算，以免自己向顾客展示价格高于其预算的商品，浪费彼此的时间。可是，如果直接问与预算有关的问题，比如"您想买什么价位的衣服呢？"会让顾客觉得你在怀疑他的经济实力。这样的话不但不能探寻到顾客的需求，严重时还会使顾客直接中断购买货品的欲望。因此，这也是服装导购员要小心和谨慎的问题。

 情景再现

### 你们的折扣变得太快了

导购员：是的！如果是我看到这样的价差，心里也会有些不舒服，所以我能体谅您现在的心情。不过您也别太在意，因为已经是季末了，大多数产品断色断码，所以才会有这样的折扣。您要是现在买或许已没有适合您的了。

导购员：是的！如果我是您，心里也会有些不舒服，其实您也别太在意，服装作为时尚产品，季节性特别强，更新速度也快，您看，我们冬季的新品现在已上市了，让我给您介绍一下，看有没有满意的。

# 第六章
# 快速促成交易技巧

## 导言

对于门店导购来讲，如何让顾客在1min之内快速下单，一直是不断学习、不断探讨的话题。这就需要逐步地总结销售经验，从消费者的心态出发，不断地通过实践，并且针对不同的消费者，采用不同的销售方式，从而达到快速成交的目的。

销售冠军
成长记系列

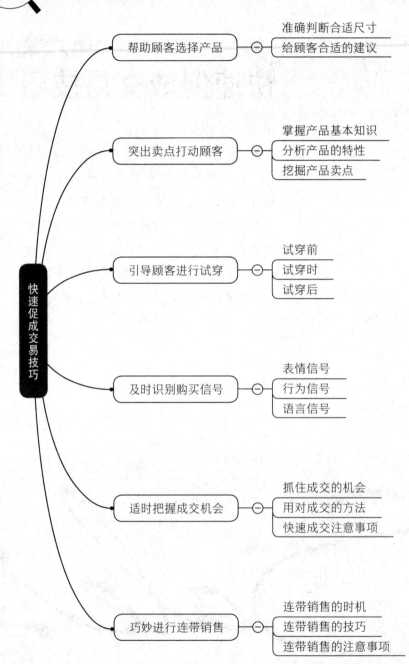

本章导视图

快速促成交易技巧

帮助顾客选择产品 —
准确判断合适尺寸
给顾客合适的建议

突出卖点打动顾客 —
掌握产品基本知识
分析产品的特性
挖掘产品卖点

引导顾客进行试穿 —
试穿前
试穿时
试穿后

及时识别购买信号 —
表情信号
行为信号
语言信号

适时把握成交机会 —
抓住成交的机会
用对成交的方法
快速成交注意事项

巧妙进行连带销售 —
连带销售的时机
连带销售的技巧
连带销售的注意事项

# 帮助顾客选择产品

【要而言之】▶▶

帮助顾客做主，把顾客带到了自己主销、有销售价值的产品前，许多顾客在选择产品时并没有多少主见，关键在于我们如何引导他们。

【详细解读】▶▶▶

## 一、准确判断合适尺寸

服装导购员要想实现成功销售，首先就得练就一双"火眼金睛"。能够准确判断适合顾客的尺寸，为顾客准确挑选合身的服装，增加服务水平，给顾客留下良好印象。

比如，品牌店销售的是牛仔裤，那么顾客一进店，服装导购员就必须清楚地看出该顾客大概穿什么型号的裤子比较合适，而不是用尺子去测量，然后才能较准确地给顾客推荐，所以这就需要服装导购员有比较好的判断力，以便为顾客推荐适合的尺寸及款式。

（1）对于顾客的三围问题要大胆提问，但语气要温婉而带有引导性，以不引起对方的反感和抵触情绪为佳，引导的目的最终是为了让他能配合你完成交易。

（2）如果可以，根据自己的经验，提前准备好一些提问的语句，需要时向顾客提问，减少对顾客和交易的紧张感，因为你心里有"底"。

（3）敢于对顾客说出"胸围、腰围、臀围、身高、体重、体型、穿衣忌讳"等提问型词语，让顾客能感觉到你的专业。

## 二、给顾客合适的建议

服装导购员必须以顾客为主体，在对顾客进行说服与建议时，一方面应了解并掌握顾客的真正需求；另一方面应从服装专业的角度向顾客提供最贴切的咨询和建议。

顾客习惯对商品进行比较与评估，尤其是对于面料、款式、颜色以及价格等存有疑虑，甚至会对使用或穿着时的预期效果产生联想。因此需要服装导购员加以说明、说服并且给予建议，以化解顾客的疑虑，重新肯定商品和品牌的价值。

（1）尽量由顾客说出自己的需求，服装导购员不要自我猜测。

（2）在询问顾客的需求时，应再次重复商品的展示，以便顾客有具体的印象。

（3）询问顾客需求应从一般性原则开始，逐渐地缩小范围，使得顾客可以在无压力下说出自己的需求。

（4）随时收集及掌握市场流行趋势，与顾客的消费观念同步。

（5）充实商品知识，并且以顾客的立场体验商品的使用经验。

（6）从前辈、专业刊物及顾客身上学习，扩大知识领域。

（7）严守公司的政策与原则，建立品牌的信誉。

 **情景再现**

### 按顾客的喜好推荐产品

顾客："你们的衣服风格变化太大，我比较喜欢以前的风格。"

导购员："是的！我们这几年的风格确实是在做转变，这是行业发展的趋势，也是消费者对我们的要求，其实现在适合您的款式更多了，对于新的风格您可能不大习惯，我挑几款您不妨先试试看……"

导购员："服装是流行产物，我们的产品相比以前是有些变化，您是我们的老顾客了，感谢您一直以来对我们的支持，为了满足像您这样的消费者，我们仍保留一些以前的风格款式，您这次是要看……我帮您介绍介绍！"

# 突出卖点打动顾客

## 【要而言之】▶▶

把握"人有我亦有，人无我却有"的销售技巧，一定要记得在顾客最关心问题上，着重强调我们和别人的差异处、优势处——产品卖点，以此来打动顾客。

## 【详细解读】▶▶

### 一、掌握产品基本知识

导购员向顾客推销产品前，必须要对该产品的相关知识做充分的了解，并加以详细说明。否则，当顾客问起来时一问三不知，那再好的产品顾客也不会有购买的欲望。

对服装导购员来说，对产品基本知识的了解包括产品的名称、价格、品牌、商标、型号、款式、生产过程、质量、性能、用途、售后服务、使用与保养方式及注意事项等。

### 二、分析产品的特性

导购员要对自己所推荐的产品做好特性、优点及缺点的分析。

#### 1.分析产品的特性

产品的特性是指产品的实际情况，包括产品的原材料、产地、设计、颜色、规格、性能、构造等。导购员还要学会将产品与竞争品、本品牌与其他品牌的特性进行比较、分类，从而找出其异、同点。

### 2.分析产品的优缺点

通过分析产品的特性，导购员应找到产品的优缺点。对于产品的优点，导购员需要考虑采用什么样的方法对其进行说明和介绍；而对于产品的缺点，导购员则应该考虑如何给顾客一个合理的解释。

## 三、挖掘产品卖点

产品的卖点，是顾客选择购买这件产品的理由。你是否能充分挖掘出产品的卖点呢？挖掘产品卖点，我们一般从以下几个方面进行。

（1）产品材料卖点，比如夏季面料的透气性，冬季面料的保暖性。

（2）产品功能卖点，比如阔腿裤显腿瘦，就是很好的从功能上提炼的卖点。

（3）产品设计卖点，比如女性服装有时尚的、古典的、潮流的、清新的设计风格等，针对不同的年龄阶段或不同的兴趣爱好，用以满足不同的消费市场。

（4）产品背景卖点，比如买香奈儿的包，并不是因为质量多好，更多是因为这个包的品牌是"香奈儿"。

（5）产品价格卖点，比如折扣季节，商品适当的折扣，会让消费者毫不犹豫地"剁手"。

 **情景再现**

> **如何应对顾客认为衣服款式没有新意**
>
> 顾客："这不就是去年的旧款吗？"
> 导购员："先生，感谢您对我们品牌的关注和了解，确实，这款去年卖得很好，顾客们都很喜欢，同时，也提了很多很好的建议和意见，今年我们根据顾客的反馈做了修改。使这款衣服比去年更具品位，您可以试穿一下，一定更适合您。"

# 引导顾客进行试穿

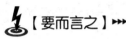【要而言之】▶▶▶ ·······················································

服装试穿是服装销售过程中的重要环节之一，当顾客挑选到心仪的款式后，服装导购员一定要劝说顾客试穿，因为试穿是促使顾客决心购买的催化剂。

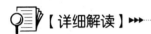【详细解读】▶▶▶ ·······················································

## 一、试穿前

在顾客试穿前，服装导购员可目测或询问顾客适合的尺寸（有些顾客也不知道自己到底穿多大尺码的衣服，尤其以男性顾客居多），如果最终仍不能确定尺寸，必须用皮尺测量，以便清楚顾客试穿的尺码，并准确拿出相应的衣服，以减少试换的次数。

好的服务并不等于多试衣服，第一次就拿准，才是高手。服装导购员要记住顾客所试穿衣服的件数，以便事后清点。

小提示

## 二、试穿时

（1）带领顾客到试衣间，边走边将衣服的纽扣解开或将拉链拉开。

（2）走到试衣间时先敲门，然后确定试衣间内干净整洁，无异物和异味。

（3）把衣服的穿法告诉顾客，把衣架拿出，提醒顾客锁门。

（4）如果试衣间有人，礼貌地请外面的顾客稍等片刻，或再看看其他商品。

（5）试衣时，服装导购员要在试衣间附近，负责替顾客搭配或建议试穿，尽量促成连带销售的机会。

（6）如果衣服不合适，服装导购员要在试衣间门外为顾客调换衣服。

（7）如果顾客在试衣间里的时间太久，可以敲门进行提醒。

**小提示**

　　在帮助顾客的同时，要尽量把服装的特性、优点和好处全方位地展示给顾客，以便给顾客不同的选择，并不断地思考和完善服装的搭配。说话时应考虑不要伤害顾客的自尊，应当从顾客穿着感觉出发，适时夸赞，指出服装的适合之处。

## 三、试穿后

当顾客从试衣间出来后，服装导购员要主动走上前去协助顾客整理服装，比如翻领子、卷袖子，还要让顾客走到试衣镜前，礼貌地询问顾客对服装的感觉。

比如，"小姐，这件衣服的颜色与您的肤色很相称""您的眼光很不错，它很符合您的气质"等。

当顾客已经初步决定购买此款服装时，服装导购员应不失时机地进行附加推销，给顾客提供"一站式服务"，尽量让顾客在自己所在的店铺中买齐他们所需商品。

**销售语录**

听话是一种优雅的艺术，但很多人没有充分利用这种艺术，他们认为人有两个耳朵，所以肯定会知道如何去听。

# 及时识别购买信号

【要而言之】▶▶▶

　　顾客在认同并决定购买服装导购员所推荐的商品时，总会不自觉地发出一些购买信号，比如积极的话语、认同的微笑、理解的眼神等。服装导购员一定要细心观察，及时识别，进而采取恰当的销售策略。

【详细解读】▶▶▶

## 一、表情信号

　　以下是一些顾客成交前的表情信号，服装导购员可以细心体会。
　　（1）眼睛发亮，瞳孔放大，脸上露出兴奋的神情。
　　（2）由咬牙沉思或托腮沉思变为脸部表现明朗轻松，活泼友好。
　　（3）情感由冷漠、怀疑、深沉变为自然、大方、随和、亲切。
　　（4）面露兴奋神情，盯着服装思考。
　　（5）顾客紧锁的双眉分开，眼角舒展，面部露出友善及自然的微笑。
　　（6）顾客身体微向前倾，并频频点头，表现出有兴趣的样子。

## 二、行为信号

　　顾客一旦拿定主意购买服装，也会不自觉地通过其肢体语言和动作行为表现出某些成交的信号。以下是顾客成交前常表现的行为信号。
　　（1）拿起服装认真检查，并查看服装有无瑕疵，表现出一副爱不释手的模样。
　　（2）重新回来观看同一件服装或同时索取几件相同服装来比较、挑选。

（3）表示愿意先试服装。

（4）开始注意或感兴趣，比如反复翻看价格单、查看服装说明和有关宣传资料。

（5）不再发问，若有所思，或不断地观察和盘算。

（6）离开后又转回来，并查看同一件服装或转向旁边的人问："你看怎么样？"

（7）突然变得轻松起来，态度友好。

（8）突然放开交叉抱在胸前的手（双手交叉抱在胸前表示否定，当把它们放下时，障碍即告消除）或松开原本紧握的拳头。

（9）身体前倾或后仰，变得松弛起来。

（10）不断点头时。当顾客一边看服装，一边微笑地点头时，表示他对这件服装很有好感。

## 三、语言信号

如果顾客的语言由提出异议、问题等转为谈论服装内容时，服装导购员可以认为顾客发出了成交的信号。顾客在决定购买时，通常会提出带有以下内容的问题。

（1）关于服装的使用、保养及其他注意事项等。如可以退货吗？

（2）讨价还价，或问是否可以再降点价等。如你们的最低折扣是多少？现在购买有赠品吗？

（3）对服装的一些小问题，如对包装、颜色、大小等提出具体的修改意见与要求。如我以前买的××牌质量让人感到不放心！不知你们的怎么样？

（4）用假定的口吻与语句谈及购买等。如果买的话，可以有九折优惠吗？我想问一下妻子的意见。

任何时候，服装导购员只要认为自己听到或看到了一种购买信号，就应立即向顾客提出成交的请求。同时，在与顾客交谈的过程中，要密切注意顾客所说的和所做的一切，千万不要因为自己太过健谈而忽视了顾客的购买信号。

# 适时把握成交机会

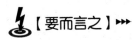

## 【要而言之】▶▶▶

作为服装导购员，最终目的是促成成交，如何促成顾客购买，需要服装导购员适时、及时把握，抓住机会。

## 【详细解读】▶▶▶

### 一、抓住成交的机会

成交的最高境界就是能准确捕捉成交的信号，抓住瞬间即逝的成交机会。由于顾客类型的不同，导购员在日常销售工作中应用心体会，不断积累经验，应用不同的待客服务技巧，培养敏锐的成交嗅觉，提高成交机会。

一般来说，客户有以下行为时往往都是离成交很近了，也是需要我们快速抓住成交机会的时候。

（1）顾客不断点头，表现若有所思的样子。

（2）顾客突然不再发问，表现出在沉思。

（3）顾客开始询问购买数量或者优惠套餐的区别。

（4）顾客不断反复问同一问题，并有所顾虑。

（5）顾客谈到有人买过此产品。

（6）顾客开始谈价格与付款方式。

（7）顾客对比活动时候的价格。

（8）顾客话题集中在某一款产品上。

（9）顾客征求同伴的意见时，说明其对产品有兴趣，也说明有疑虑。

（10）顾客进行沉思，或者移动身体，改正坐姿，或是重新试穿衣服，反复询问试穿效果。

以上都是顾客已经想买的情形，门店导购员一定要把握良机，主动尝试成交。

## 二、用对成交的方法

### 1.请求成交法

请求成交法又称直接成交法，这是导购员向顾客主动提出成交的要求，直接要求顾客购买的一种方法。导购员在遇到以下四种情况时，可以直接果断地向顾客提出成交请求。

（1）熟客。对于熟客，由于导购员已经与顾客建立起良好的关系，顾客也曾经购买过类似产品，因此熟客一般不会反感导购员的直接请求。

比如，导购员可以直接向熟客说："刘姐，这是刚上的新款，挺适合您的，来一件怎么样？"

（2）商谈中顾客未提出异议。如果商谈中顾客询问产品的各种特征和服务方法，导购员一一做了回答后，对方也表示满意，但却没有明确表示购买反应，这时导购员就可以认为顾客心理上已认可了产品，应适时主动向顾客提出成交。

比如，"刘小姐，您看要是没有什么问题，我就开单了。"

（3）顾客的疑虑被消除之后。商谈过程中，顾客对商品表现出很大的兴趣，只是还有所顾虑，当导购员通过解释已经解除了顾虑，取得了顾客认同，就可以迅速提出成交请求。

比如，"沈先生，现在我们的问题都解决了，衬衣我就帮您包起来了！"

（4）顾客已有购买意愿。顾客已有意购买，只是拖延时间，不愿先开口，此时导购员为了增强其购买信心，可以巧妙地利用请求成交法以适当施加压力，达到直接促成交易的目的。

比如，"李小姐，这件羽绒服就一件小号了，赶快买吧，保证您会满意的。"

小提示

请求成交不是强求成交，也不是乞求成交，使用时要做到神态自然坦诚，语言从容，语速不快不慢，充满自信。但不能自以为是，要见机行事，达到与顾客一拍即合。

### 2.假定成交法

这是导购员假定顾客已经接受推销建议，进而直接要求顾客购买商品的一种方法。这种方法的立足点是假定"顾客会买"，一般是在导购员介绍完产品的特点，并解答顾客的疑问之后，顾客一再表示出购买信号，只是拿不定主意而迟迟不下决心，这时导购员就可用自己的信心去感染顾客，不失时机地向顾客提出一些实质性的问题，帮助其下定购买决心。

比如，"这款牛仔裤是今年最流行的修身低腰款式，莱卡弹力面料，更贴合身形，让您的双腿显得更为纤长，而且穿着舒适自如。"

"这件白色镂空衬衣能显出您的不凡品位，也非常配您的气质，而且它的搭配度很高，搭配您家里的开衫、西服都可以。"

"您参加派对时要穿上这件高贵的晚礼服，一定能成为大家的焦点，吸引很多赞赏的目光。"

导购员就是要为顾客描绘场景，把他拥有商品以后产生的积极效果形象地描述出来，从而打动顾客成交。

假定成交法主要适用于决策能力低、依赖心理强和被动求购的一类顾客，不适合自我意识强或没有明显购买意向的顾客，因此，应用时要看准顾客类型和成交信号。此外，导购员应表情自然大方，煞有介事，语言温和、委婉、亲切，切忌自作主张和咄咄逼人，避免产生强加于人的高压气氛。

### 3.选择成交法

这是导购员在假定顾客一定会买的基础上为顾客提供一种购买选择方案，并要求顾客立即做出购买决策的方法，即先假定成交，后选择成交。

比如，当顾客试穿之后，尚在犹豫中，导购员可以选择自己认为适合顾客的几种款式供其挑选，"这件风衣您是要双排扣的，还是单排扣的？""这条裙子您是要白色的，还是黑色的？"

选择成交法适用的前提是，顾客的关注重点不是买与不买，而是在产品属性方面，诸如产品价格、数量、质量、服务要求、送货方式、时间、地点等都可作为选择成交的提示内容，如"付款您看是现金，还是刷卡？"

这种方法表面上是把成交主动权让给了顾客，而实际只是把成交的选择权交给了顾客，无论顾客怎样选择都能成交，并因为充分调动了顾客决策的积极性，能较快地促成交易。

**小提示**　　使用选择成交法，首先要看准成交信号，针对顾客的购买动机和意向找准推销要点；其次要限定选择范围，一般以两三种选择为宜，多了会使顾客举棋不定，拖延时间，降低成交概率；再次，导购员要当好参谋，协助决策。

### 4.从众成交法

从众成交法也称排队成交推销技巧，是导购员利用人们的从众心理，促使顾客立即做出购买决策的方法。

从众成交法可以减轻顾客担心的风险，尤其是新顾客，大家都买了，我也买，可以增加顾客的信心，如可提供我们一些成功的案例、客户等。

比如，"小姐，这是今年最流行的面料，昨天张小姐刚买，今天就穿着去上海出差了。"

"这款西服，买了的都说板型好、显身材，您还不来一件？"

"这是今年的爆款，您看这是一些顾客订单，有东北的、华北的、西北的……"

这就是利用了顾客的从众动机，在顾客心里排起了一条长长的队伍，让顾客感到只有随大流，赶快购买才是正确的选择。

**小提示**　　利用从众成交法有利于提高推销效率，促成大批交易。但要注意讲究职业道德，不拉帮结伙，借故找"托"欺骗顾客，否则导购员会因此而信誉扫地，令顾客避而远之。

### 5.机会成交法

这是导购员直接向顾客提示最后机会，如不抓紧时机就会失去良好的机会和利益，促使其立即购买的一种成交技术。导购员在顾客已基本确立购买意向的情况下，为坚定其信念，加快购买过程，可适当渲染一下紧张气氛，用提示后悔的办法，让顾客意识到购买是一种机会，良机一去不复返，不及时购买就会产生损失。

比如，"我们这个款式只剩下2套了，等下批货要比较长的时间……"

"我们买200元减80元优惠活动今天是最后一天，您现在买这条裙子才220元，明天就返回原价300元，现在买多划算啊！"

"此款真丝连衣裙非常好销，现在又是公司第一次做促销活动，如果您下次来买恐怕我很难保证有货了。"

当顾客说"此款还可以，让我再想一想"之类的话时，导购员可以强调有限数量、最后期限等，加大顾客对数量、时间的紧迫感，由犹豫变为果断，促使其立即做出购买行为。

小提示　　使用此法时一定要求讲究推销道德，提高推销信誉，开展文明推销，不能蒙骗消费者。另外，导购员要针对顾客的主要购买动机，合理选择成交机会，适当施加机会压力，以充分调动顾客机会难得，不能错失良机的心理效应，从而造成成交气氛，及时促成顾客自动成交。

### 6.优惠成交法

优惠成交法又称为让步成交法，是指导购员向顾客提供各种优惠条件来促成交易的一种成交方法。这种方法主要是利用顾客购买商品的求利心理动机，通过销售让利，促使顾客成交易。

比如，"这个新款正在进行市场推广，如果您现在购买，我们可以送您一条精美的丝巾，正好搭配这件大衣，这丝巾单买还要200元呢。"

这就是附加价值，附加价值是价值的一种提升，所以本法又称为让步成交法，即提供优惠的政策。

又如，"如果您购买我公司的羊毛衫，每买一件都将送羊毛衫专用洗涤剂一瓶，并且免费熨一次。"

优惠成交法，使顾客感觉得到了实惠，增强了顾客的购买欲望，同时融洽了买卖双方的人际关系，有利于双方长期合作。但是，采用此法无疑会增加推销费用，降低店铺的收益，运用不当还会使顾客怀疑推销品的质量和定价。因此，导购员应合理运用优惠条件，注意进行损益对比分析及销售预测，遵守国家有关政策、法规，并做好产品的宣传解释工作。

### 7.保证成交法

保证成交法是指导购员直接向顾客提出成交保证，使顾客立即成交的一种方法。所谓成交保证就是指导购员对顾客所允诺担负交易后的某种行为，它有针对性地化解顾客异议，有效地促成交易。当产品的单价过高，缴纳的金额较大，顾客对此种产品不是很了解，对其质量也没有把握，产生心理障碍犹豫不决时，导购员可以应用此法，向顾客提出保证，增强其信心。

比如："李先生，您放心，要是回家您太太觉得大衣颜色、款式不合适的话，我们再负责给您调换。"

"本品牌皮装的售后服务完备，您在穿用一段时间后，皮装如需保养、上光、去污，可凭信誉卡到指定地点保养、清洗、上光并享受优惠。"

导购员应该看准顾客的成交心理障碍，针对顾客所担心的几个主要问题直接提示有效的成交保证的条件，以解除顾客的后顾之忧，增强成交的信心，促使进一步成交。此外，采用此法，要求导购员必须做到"言必信，行必果"，否则势必失去顾客的信任。

## 三、快速成交注意事项

### 1.快速成交时不要提"钱"字

每一位导购员都要明白一点，那就是你给顾客提供的是服务，是在推销自己，顾客与你成交就是对你服务的最终满意，千万不要提"钱"字。而且"钱"字对于顾客而言，是颇为敏感的字眼，当顾客伸手到口袋里拿钱的时候，他可能就会想：我是不是买的太贵了？是不是答应买的太早了？会不会被导购员"忽悠"了……

所以，成交的时候千万不要提交钱，把交钱改为"办手续""结单"等。

### 2.快速成交时不要提"买"字

和第一点相似，买的概念就是存在利益交换，容易让顾客有交换不公的顾虑。导购员提供给顾客的包括最真诚的服务而不仅仅是买卖，成交的时候，导购员要有这样一种感觉，自己又为顾客提供了一套让他乐意接受的最优产品方案。

### 3.快速成交时永远不要问顾客"要不要"

很多导购员会出现这样一个错误，就在快要成交的时候失败了。记住：永远不要问顾客"要不要"；如果这样问，起码有50%的概率是"不要"的答复。极有可能动摇顾客的购买决定，所以要做到快速成交。

### 4.快速成交时不准聊天

在与顾客成交的时候，一定要做到慎重、严肃、认真，不要嘻嘻哈哈的，否则会给顾客不好的感觉。而且一定要做到"快速""专业""周到"。更不要在客户已经决定购买的时候，反复介绍产品。

### 5.在顾客决定买一款产品的时候，千万不要再介绍另外一款

顾客在下定决心购买的时候，往往都是通过认真比较或者说经深思熟虑后好不容易才做好的决定。但是导购员如果还不断介绍新的产品，顾客又有可能对新的产品犹豫不决，那么对我们的成交又自我设置了障碍。如果觉得真的有必要介绍新的产品，不妨等顾客付完款项，再做介绍不迟。

 **情景再现**

**避实就虚，适时成交**

顾客正试穿刚刚选中的衣服，在镜子面前观看。

导购员："小姐，您穿这件衣服真的很漂亮，这件衣服非常适合您的气质。"

顾客："是吗？"

导购员："当然，我们这款上衣一直都非常抢手，很多顾客都很喜欢，但就是有好多人穿上不合适，因为板型太挑人，只有像您这样的标准身材穿上才好看。今天我算是见识了，这件衣服简直就像给您定制的似的。"这是由衷的欣赏。

顾客："有那么好吗？说得我都不好意思了。"顾客掩饰不住嘴角的笑意，言不由衷地说。

导购员："您放心，小姐，我们绝不会乱给顾客推荐的，都是帮顾客寻

找最适合的商品。您穿的这件衣服就像定制的一样，它和您身上的短裙是绝配，显得您的身材很修长，整体的修身效果很好。您都可以直接穿着走。我帮您把吊牌剪了吧？"（积极促成）

顾客："价格好像贵了点，能不能便宜点呢。"

导购员："呵呵，小姐，效果和价格相比您觉得哪个更重要呢？您穿这件衣服这么漂亮，不用犹豫了。有时候我们逛街很久也选不到一件心仪的衣服。您是穿着走还是打包？"（热心地建议）

顾客："穿着走吧，吊牌剪了。"

导购员："好的，我来帮您。"

如果一个顾客愿意试穿，就证明销售已经成交了一半，除非是产品不合适，在一般情况下，顾客愿意花费自己的时间去体验我们产品的时候，就表明他已经对你的产品产生了兴趣。所以，对于已经开始试穿或者试用的顾客，我们一定要积极促成交易，不要轻易忽视。

# 巧妙进行连带销售

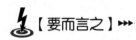 **【要而言之】** ▶▶▶

连带销售指的是在服装销售过程中，通过一件产品的销售带动店铺其他产品的销售。普通服装导购员和优秀服装导购员最大的区别在于后者懂得连带销售。在完成首宗交易后，优秀服装导购员往往会附带向顾客建议购买一些相关的产品。

**【详细解读】** ▶▶▶

## 一、连带销售的时机

### 1.当顾客选中单件衣服时

道理很简单，穿衣服是要搭配的，只选一件衣服代表顾客出门一般还会再选一件配搭的，何必要顾客出门去找别家呢？主动热情为顾客进行搭配是服装导购员的一项服务！

### 2.店内有相关配件时

如果是商务休闲装，一般配搭的包饰、皮带是现代商务人士的钟爱，也是凸显个性、标榜自我的最好道具。

### 3.有促销活动时

这是促进顾客连带销售（多买）最重要的诱因之一，及时地用兴奋异常的语气提醒顾客：机不可失，失不再来。

### 4.上新季货品时

无论是新季货品还是新货品时，我们都有必要在连带销售的时候介绍给顾客，让顾客有试试看的欲望。

### 5.顾客和朋友一起购物时

在货品推荐和介绍的过程中，无视顾客同伴的感受是不明智的。聪明的导购员不但懂得讨好同伴的喜欢，同时在时机合适的时候怂恿他也试一试，闲着也是闲着，这也是常见的连带销售。

### 6.等候改裤脚时

无论顾客在等候什么，只要他是站在店内，就有影响顾客的机会，这个时候的连带销售，可以试探一下，没有结果的话也就当是和顾客聊聊天，增进一下感情。

## 二、连带销售的技巧

### 1.寻找搭配组合

良好的货品结构和货品组合是连带销售的第一步，如果店铺货品结构不合理，不能达到良好的互配互搭，那么即便是优秀的导购员也无能为力。

首先可将店内货品进行分类。

比如，服装类可以分为吊带背心、衬衫、毛衣（开衫、套头）、外套、棉服、风衣、裤装、裙装等；配饰类可以分为丝巾、围巾、项链、包、鞋、袜子等。

然后看哪些货品可以搭配在一起？

（1）两两搭配：吊带-开衫毛衣、吊带-外套、衬衫-外套、衬衫-开衫毛衣、棉服-围巾、风衣-丝巾等。

（2）成套搭配：外套、衬衫、裤子、裙子、项连、丝巾、鞋、包等。

最后检查一下是否存在孤品？如果存在孤品，看一下店铺是否有可搭配的产品，再与公司进行沟通、配货。

### 2.展示搭配

搭配好后就要展示出来，通过陈列提供搭配信息。

（1）可在橱窗、流水台、人模等区域进行完整的搭配信息展示。很多时候的连带销售，来自橱窗里人模身上的搭配。

（2）相互关联的服装就近陈列，可同在一个区域，也可在相邻两个区域。以方便顾客挑选，节约导购员销售时间为准则。

（3）折扣品、小件商品、配饰等陈列在打包台及试衣间附近，方便导购员连带销售，同时不容易丢货。

### 3.提供搭配建议

如果发现某顾客选中单件衣服，导购员需要做的就是主动热情引导顾客试穿。当顾客在试衣间试衣的时候，我们就要提前想一下哪些单品可以组成搭配组合。

比如，顾客选中的是毛衣，你可以帮他选外套、裤装或裙子，为她搭配上一些配饰等。

其实就是用相关的服装搭配和饰品搭配技巧，给客人一种锦上添花的效果，也让顾客乐于接受。

对于顾客没有选中的商品，导购员不要太快撤掉，或许顾客还存有购买意向，有些顾客是需要等到最后才会做决定的。

**小提示**

### 4.善于利用促销

当店铺有促销活动时，诸如满200元送20元、买2送1等，这些是促进顾客连带销售的重要措施，作为导购员应不失时机地利用店铺促销机会，用兴奋的语气提醒客人，激发顾客的购买需求。

比如，"现在是促销季，是力度最大的时候，现在买是最划算的，这衣服您也喜欢，这是在最恰当的时候提早买，是节省费用的最好决定"。

### 5.多为顾客去零

当顾客买了88元的衣服时，我们是不是就直接请他去付款呢？这个时候可不可以顺带说一句："先生／女士，您的衣服是88元，不如再看看我们的棉袜，12元一双，刚好100元整"。

当你为顾客找那些零钱时，顾客可能还嫌麻烦，为什么不试着推出我们的小配件？

### 6.积极推荐新款

在新品上市以后，我们要有强烈的对新品着重进行推荐（连带销售）的意识，这对于品牌新品的宣传和业绩的提升都有很大帮助，尤其是在换季时刻。

有些同色不同款、同款不同色的新品衣服，对于顾客的吸引力其实都差不多，都可以让顾客爱不释手，这时候我们就可以不失时机地建议顾客再买一件。

### 7.不要忽略顾客同伴

忽略顾客同伴的感受是不明智的。聪明的导购员不但懂得讨好顾客同伴的喜欢，同时会在时机合适的时候怂恿他（她）也试一试，更能积极地推动连带销售。就算没有成交，也就当是与顾客聊聊天，增进一下感情，培养潜在顾客。

当顾客对几件衣服都爱不释手时，我们还可以告诉顾客：给家人或朋友也顺便捎带两件，现在是特价优惠，机会很难得。

## 三、连带销售的注意事项

在销售服务过程中，开展连带销售是为了给顾客更大的增值和好处，满足顾客的多样需求是我们的目的。因此，在连带销售过程中应注意以下事项。

（1）多给顾客正面及支持性建议，学做顾客的顾问，为顾客提供更多的选择、配搭建议和更多的实惠。

（2）当我们向顾客推荐商品时，永远用最快的速度把具体的货品展示给顾客，多多借助货品的搭配效果，而不是停留在嘴上说，说到哪件就去拿哪件，展示将给顾客最生动的感受，有助于你销售每一件产品。

（3）永远把握销售的度，不要给顾客一种你只感兴趣做一单大生意的印象。当你在花时间介绍每一件产品来满足顾客的其他需要之前，请给他一个说法，要让顾客感觉你是从他的切身利益出发的。

（4）不要向顾客只展示一件产品，至少向顾客展示三件产品以使生意翻番，但不要就此停留在那里，要继续连带销售直到顾客的每一种需要都被满足，你就挖掘到了每一个潜在的销售机会。

 情景再现

## 帮助顾客找到关键词

导购员：每个人的服装风格可以千变万化，只要抓住核心的需要后就可以多尝试。每个人的装扮都有适合的关键词，比如有的人的关键词就是百变、与众不同，他们会经常尝试没有穿过的款式，每次都有新感觉。您的关键词是什么？

顾客：没考虑过。

导购员：呵呵，买衣服如果没有关键词是很难选中目标的，其实确定关键词也很容易，就是您平时最喜欢的是什么感觉，您最近要出席的场合有什么要求，通过这两点就可以提炼出近期的着装关键词。

顾客：噢，这倒是个办法，我喜欢时尚、女人味、有创意的衣服，可是最近的场合却需要体现得职业一些。

导购员：嗯，如果您有很多个关键词，其实恰恰有更多的解决方案，比如可以在我刚才给您介绍的曲线款中寻找尽量简单的款式，这样女人味和时尚感就都有了。然后您用这个款式搭配黑白的下装，这样正式感就有了。至于创新呢，可以通过鞋、包、饰品的搭配来体现，怎么样，要不要我帮您试试看？不行的话，我们再多尝试几种方式，好吗？

# 第七章
# 线上直播带货技巧

## 导言

2020 年直播带货成为消费新潮流，各行各业的商家、企业入驻直播平台，传统线下行业进入各大直播间，迅速激活线上消费市场潜能。服装导购员应与时俱进，不仅要掌握线下销售技巧，更要学会线上直播带货，扩大销售范围。

销售冠军
成长记系列

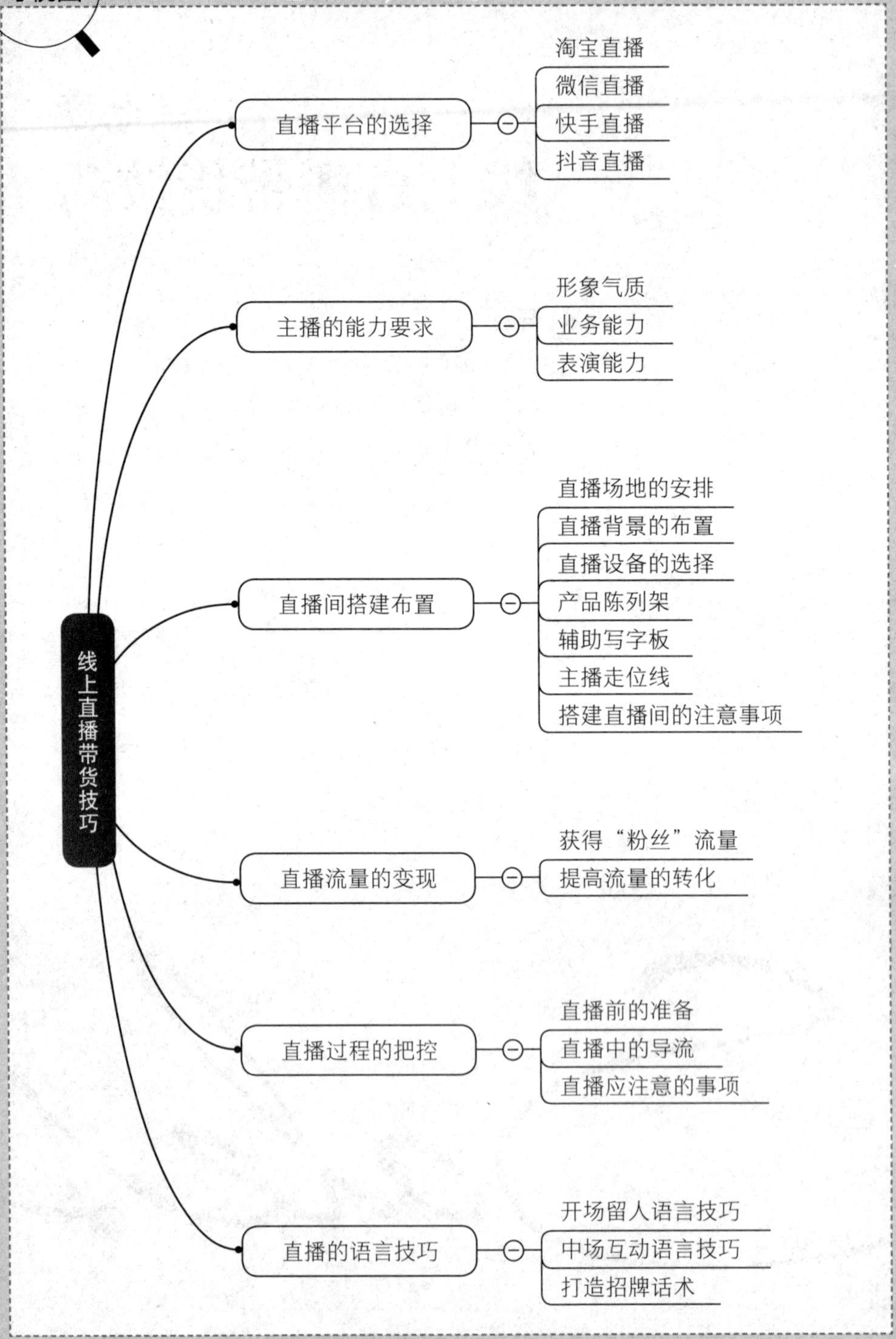

线上直播带货技巧

直播平台的选择 ─
- 淘宝直播
- 微信直播
- 快手直播
- 抖音直播

主播的能力要求 ─
- 形象气质
- 业务能力
- 表演能力

直播间搭建布置 ─
- 直播场地的安排
- 直播背景的布置
- 直播设备的选择
- 产品陈列架
- 辅助写字板
- 主播走位线
- 搭建直播间的注意事项

直播流量的变现 ─
- 获得"粉丝"流量
- 提高流量的转化

直播过程的把控 ─
- 直播前的准备
- 直播中的导流
- 直播应注意的事项

直播的语言技巧 ─
- 开场留人语言技巧
- 中场互动语言技巧
- 打造招牌话术

# 直播平台的选择

 **【要而言之】** ▶▶▶

俗话说："工欲善其事，必先利其器"。开直播首要解决的问题就是选择直播平台，好的直播平台，不仅能保护私域流量，还能反向倒推流量。所以选择一个合适的平台是成功的1/3。

**【详细解读】** ▶▶▶

毫无疑问，目前淘宝、微信、快手、抖音，这4个平台的直播带货流量比较大，如果想要带货一定是优先选择的平台。

## 一、淘宝直播

在直播生态大环境下，淘宝直播的"玩法"已趋于成熟，"头部"主播已经形成，后进入的主播或企业很难取得较强的竞争力。

目前"头部"主播主要采用全网低价的促销优惠价格，给到"粉丝"足够的获利空间，以打折、拼团等方式带动直播间的活跃氛围，提高主播的带货转化，最终实现主播、"粉丝"和品牌方的共赢。

也有一些品牌需要快速推品，选择采用"明星+主播"联手直播推广的方式，将新品一波引爆，然后通过"中尾部"主播的第二轮直播带货，实现整体完整的带货营销闭环。

要做精做好淘宝直播，一定需要人、货、场三方面配合共建，目前主要获利的还是"头部"主播。伴随着内容价值的不断放大，淘宝直播也许成为未来商业模式的主流。

## 二、微信直播

2020年3月，微信上线新功能的直播小程序。

与公域流量的淘宝直播、抖音等平台相比，微信直播优势在于，它依托于微信这个超级流量大平台，非常有利于流量的获取和转化。

微信直播具有以下独特的优势。

（1）微信直播的流量来自私域，因此特别适合具有分销机制的企业。它简化了分销商的能力需求，只要分销商愿意，不停地去帮主播分享，且他的人群和主播直播间的产品匹配，就可以达成交易。

（2）微信直播的人群可控性非常强。因为平台和微信直接打通，企业可以将产品精准地推送给目标客户。相比于抖音和快手，微信直播还可以直接加客户微信，拉微信群，更好地维护"粉丝"，管理客户。

我们都知道，公众号是订阅制，是属于企业在微信平台的私域流量，但"公众号+微信直播"相结合后，就可以充分发挥公众号私域流量的优势，有更多的"玩法"，以直播的方式去活跃"粉丝"、宣传品牌，继而实现最终的商业转化。

## 三、快手直播

从用户画像上来说，快手用户主要分布在三四线城市，甚至一些偏远的农村和山区，其中25～50岁年龄人群过半，消费能力相对稍弱。

在快手直播平台上，性价比高的产品一般出货量非常大。

然而，就目前快手直播的现状而言，其实并不太利于新主播或企业的进入，因为快手上的主播有各自的"家族"，一批"头部"主播只扶持和他在同一"家族"内的小主播，对于其他新晋主播来讲，无疑是一个很大的弱势。

而且，快手直播的那些"头部"主播实在太强，所要求的高额分佣和"坑位费"是大多数品牌方难以接受的，仅有极少数品牌大、毛利率高的企业能够勉力支撑，整体直播推广成本很高。

## 四、抖音直播

抖音和快手的直播用户以年轻人为主，都集中在19～35岁。目前，在千元以上消费能力上，抖音直播用户占比要高于快手直播平台。也就是说，抖音直播用户的线上消费能力更高。

抖音直播的核心在于"短视频+直播"两种内容形式的结合，企业多了一种更加丰富的手段去展示自己的品牌和产品，而观看短视频和直播的用户不仅在增加，购买力也是越来越强。

目前，抖音上主播的收益来源还是以打赏为主，"头部"且长期直播的大主播并未形成，整个直播体系尚未形成，主播分布参差不齐，而且报价混乱，对于想通过抖音"短视频+直播"方式来带货的品牌来讲，确实是一个急需解决的痛点、难点问题。

小提示

综上相关4个直播平台的整体比较各有各的优缺点，服装导购员根据自身情况选择即可，直播带货的"人、货、场"都很重要，找对直播的场后还要找对直播的人和货。

相关链接

## 《网络直播营销行为规范》节选

第十二条　商家是在网络直播营销中销售商品或者提供服务的商业主体。商家应具有与所提供商品或者服务相应的资质、许可，并亮证亮照经营。

第十三条　商家入驻网络直播营销平台时，应提供真实有效的主体身份、联系方式、相关行政许可等信息，信息若有变动，应及时更新并告知平台进行审核。

第十四条　商家销售的商品或者提供的服务应当合法，符合网络直播营销平台规则规定，不得销售、提供违法违禁商品、服务，不得侵害平台及任何第三方的合法权益。

# 主播的能力要求

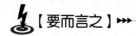【要而言之】▶▶▶

直播受到年轻人喜爱，很重要的一个原因是互动性强。其中主播的个人魅力和影响力至关重要，不光要拼"颜值"，还需要有内涵、有实力。

【详细解读】▶▶▶

## 一、形象气质

"粉丝"来直播间第一眼看的是主播这个人，并不需要高"颜值"，但是一定要符合大众审美观。主播给人的第一印象非常重要，形象大方、仪态端庄、语言表达能力强等都是加分项。

现在是一个"看脸"的时代，有时候形象决定了"粉丝"数，从而影响收入。对主播来说，如果没有"颜值"，那么就比特色。

## 二、业务能力

带货主播最关键的还得把货卖出去。优秀的主播肯定是一个销售高手，也是一个专业的主持人，同时还需要了解产品、懂产品，能够把这个产品讲明白。

主播在介绍产品的时候，应该熟练地、流利自然地向观众介绍产品的功能特征，这既是一种专业能力的展现，也能带给观众信赖感。这个能力是需要在线下反复锻炼的，因为在线的时候，主播没有太多的思考时间，需要脱口而出，更不会有找资料的时间，冷场是直播的大忌之一。

当然这种专业性的表现还需要让观众听得懂，专业能力强的主播，要对产品具有深入的研究，并且能够通俗易懂地讲解，这是主播的基本功。

## 三、表演能力

直播的魅力之一，就在于表演性。也可以说，一个观众对着镜头看一个小时，最后什么也没有买，但是她并没有觉得自己在浪费时间，这就是好的直播。表演性这个词对于线下零售业，其实一点都不陌生。

比如，超市开展的各种现吃现做、花式叫卖，其实都是在"表演"零售业，是把充满烟火气息的菜市场和商业街的元素植入了卖场空间。

直播同样是一个表演的舞台，只是由于空间有限，不可能允许主播在直播镜头前过分卖弄或者动作幅度过大，更多的是依靠个人形象、口才和风格。其实，对于服装导购员来讲，完全可以根据自身的定位和品类特点，形成自己一以贯之的风格和定位。

 情景再现

### 给顾客合适的建议

导购员：您好，想让身材显得瘦一些，通过色彩、款式都可以调整。请问您的职业是什么？一般需要出席哪些场合呢？

顾客：我是一名老师，想买一件上班、聚会、逛街都能穿的衣服。

导购员：那我建议您选择今年比较流行的中度烟灰紫色、灰绿色这一类颜色。穿着这种色彩的衣服上班，会给人稳重、内敛的印象。如果朋友聚会的话，搭配一些有光泽感的饰品，就会变得优雅华丽。如果逛街穿呢，就搭配一些比较明快的浅色鞋和包，比如白色的鞋和包，就能够既休闲又时尚。另外，这样的颜色因为比较深一些，所以也能很好地修饰身材，我们有好几款这种色彩的款式，您要不要试试看？

顾客：那好，你给我找一件试试看。

导购员：请跟我来……

# 直播间搭建布置

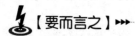

当用户点进你的直播间，直播间的整体搭建决定了他们的第一观感。直播新手最主要从3个点去入手直播间的整体搭建工作，分别是场地、背景、设备。

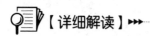

## 一、直播场地的安排

直播间搭建的第一步是需要有一个安静、封闭、独立的空间（实地直播除外），这个场地的选择因人而异。一般来说，直播场地的大小要根据直播的内容进行调整，个人直播场地标准为 $8 \sim 20m^2$，团队直播场地标准为 $20 \sim 40m^2$，可以选择家中的一个房间或者线下门店。而对于穿搭、服装类的直播，至少要选择 $15m^2$ 以上的场地。

另外，要提前测试场地的隔音和回音情况，如果隔音不好或者回音太重，都会影响直播的正常进行。虽然后期可以通过不同设备来解决直播的收音效果，但直播的时候起码要保证能听得到主播和助理讲话的声音。

比如，有些实地直播，现场环境噪声太多，主播又只用手机或耳机线带的麦克风来收音，观众根本听不清在讲什么，这样的直播怎么会有好的效果？

小提示

直播间尽量不要选择靠近马路、声音嘈杂的房间，这样会影响收音效果，影响"粉丝"用户的观看体验，用户可能会直接离开直播间，造成流量的流失。

## 二、直播背景的布置

直播间最好以浅色纯色背景墙为主，以简洁、大方、明亮为基础打造，不能花里胡哨，因为杂乱的背景容易使人反感。

背景可以是书柜，或者是素色窗帘，不建议直接用白色的墙作为背景，因为白色在灯光的作用下会反光，展示产品时，容易给用户造成镜头模糊、看不清楚的困扰。如果你已经选择了白色背景，那就需要通过打光技巧来进行弥补。

## 三、直播设备的选择

直播间设备至少要满足三个要求：高清、平稳、低延迟，这样才能在直播时呈现较完美的画面。最核心的设备应该是手机、支架和补光灯。

（1）手机设备的主摄像头像素要高，还要有可以拍vlog（视频日记）的超广角镜头。

（2）推荐使用环形补光灯，支架和补光灯是一体的。

灯光对于直播的体验是至关重要的，清晰度的核心在于灯光，不在于手机设备。好的光线布局可以有效提高画面质量，如果光线不好，即使你用再好的手机，看着也是不清晰的。

## 四、产品陈列架

一般服装类直播间都会有一个衣架，上面挂满了衣服。衣架能更好地展示产品，让直播间看起来整洁有序。

产品陈列架不是必需品，但如果直播间特别小的话，建议把当期直播的产品摆放在镜头里。

## 五、辅助写字板

辅助写字板对主播来说是一种补充说明，能帮助主播提高成交率。

比如，你可以在写字板上写上试衣主播的身高、体重等信息，方便用户参考。也可以在写字板上注明优惠方案，让用户一目了然。

## 六、主播走位线

主播会走位，可以让直播间在视觉上变得更大。另外也能更好地展示产品的效果。

（1）主播站在对角线上可以使画面得到很好的纵深效果与立体效果。画面中的线条还可以吸引人的视线，让画面看起来更加动感、有活力，达到突出主体的效果。

（2）除了使用对角线外，还可以在主播的背后增加物品的摆放（沙发、衣架、人模）。这样整个直播的画面就会被切割成前中后三个部分，增加了直播间的长度。

团队直播场地较大，直播间就不必利用对角线和纵深的方式增加空间感，直接进行直播即可。

**小提示**

## 七、搭建直播间的注意事项

（1）衣架/衣柜可以放，但是不能乱七八糟地摆放，如果做不到整齐，就不要让这些物品出现在镜头里面。

（2）可以放置人模，小直播间不要超过2个，大直播间根据空间而定。

（3）标明直播期间的重要信息（是否包邮，人模身材，服装尺寸）。

（4）直播间可以适当有一些背景音乐和小灯串，但注意音乐声音不能太大，灯光不要太亮，不要分散用户对直播间的注意力。

（5）如果需要助手和模特等搭档出镜的时候，主播需要和他（她）同时出现在直播间。

## 《网络直播营销行为规范》节选

第二十二条　主播的直播间及直播场所应当符合法律、法规和网络直播营销平台规则的要求，不得在下列场所进行直播：

（一）涉及国家及公共安全的场所；

（二）影响社会正常生产、生活秩序的场所；

（三）影响他人正常生活的场所。

直播间的设置、展示属于商业广告的，应当符合《中华人民共和国广告法》规定。

第二十三条　主播在直播营销中应坚持社会主义核心价值观，遵守社会公德，不得含有以下言行：

（一）带动用户低俗氛围，引导场内低俗互动；

（二）带有性暗示、性挑逗、低俗趣味的；

（三）攻击、诋毁、侮辱、谩骂、骚扰他人的；

（四）在直播活动中吸烟或者变相宣传烟草制品（含电子烟）的；

（五）内容荒诞惊悚，以及易导致他人模仿的危险动作；

（六）其他违反社会主义核心价值观和社会公德的行为。

第二十四条　主播发布的商品、服务内容与商品、服务链接应当保持一致，且实时有效。法律、法规规定需要明示的直接关系消费者生命安全的重要消费信息，应当对用户进行必要、清晰的消费提示。

第二十五条　主播在直播活动中，应当保证信息真实、合法，不得对商品和服务进行虚假宣传，欺骗、误导消费者。

# 直播流量的变现

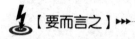

【要而言之】▶▶▶

当我们做直播的时候，就不再是单纯地为了娱乐大众，而是要把直播带来的流量往电商上去引导，实现流量的变现才是王道。

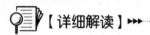

【详细解读】▶▶▶

## 一、获得"粉丝"流量

直播带货的销售额 = 流量 × 转化 × 客单价。

作为主播，最重要的环节就是"转化"，主播作为一个隔着屏幕的"网友"，其本质上是销售员。主播如何将进入直播间的人吸引住，促成成交是主播需要思考的。

因为带货的基础是"粉丝"，只有源源不断地吸引新的"粉丝"进来，才能提高卖货的交易额。那对于刚刚起步的主播来说，怎么在短时间积累人气呢？具体策略如下图所示。

吸引"粉丝"、积累人气的策略

### 1.爆款短视频曝光

很多主播尤其是流量比较小的主播，会利用"价格极低甚至免费的商品"引导用户关注。为了控制成本，他们一般会在关注的用户中，选取少部分用户送福利。

比如，你可以拍摄一个"免费送"系列短视频，背景是一大堆衣服，配上醒目的文案吸引用户的关注，在短视频中预告，晚上八点钟的时候开直播，在直播间免邮送给大家。其实就是直播过程中抽几位用户免费送。这样，主播通过短视频就会给用户造成一种只要关注他就可以免费获得衣服的错觉。然后不定期开几场直播，在带货的同时免费送一些来增强用户信任感。

### 2.主页公告预热

当你要准备直播的时候，记得提前3～5天锁定新客户，并在主页告知用户直播活动时间，编辑好文案，让用户产生期待感，到直播的时候就能很快带来流量。

### 3.添加位置定位/POI（信息点）

如果在账号初期发了视频没有播放量，开直播的时候没人，你可以选择添加上本地地理位置，使你周围的客户知道，从而收获附近的精准流量，引导客户到店消费。

### 4.往期直播预热

如果你有直播效果不错的场次，可以再次包装宣传，这些都是案例，可以反复利用宣传。通过文章、海报、视频等形式在各个"粉丝"群传播引导，为下一次直播打好基础。

### 5.官方付费推广

除了传统的引流方式以外，像一些付费功能，也可以尝试使用，例如智能广告，竞价广告，采买流量，直播"DOU+"（为抖音创作者提供的视频加热工具），在直播前投入一些付费宣传，能够将普通用户很快导入直播间。

比如，某网"坑位"收费模式为"保底+封顶"，也就是基础技术服务费加上实时划扣技术服务费和封顶技术服务费的组合模式，基础费用及封顶费用标准均与次数相关。目前，某网"坑位"每个商品的基础费用标准是一次100元，封顶费用是一次500元。而快手的每个观众推广费是1个快手币（6块钱42个快手币），相当于0.14元人民币。

### 6.向"头部"主播"借"流量

你也可以去"头部"主播的直播间刷礼物，借机曝光，引流"粉丝"。

比如，××网红主播在直播间卖货的时候，就有很多小主播过来刷礼物寻求曝光。相当于花钱在大主播那边买个广告位。

### 7.外部渠道宣传

为了树立好主播的人设，相应的社群、微博、公众号、小红书等账户都是很好的宣发渠道。社群能够留住"粉丝"，提供稳定的流量基础；微博能够树立好人设和保证话题热度；公众号可以更好地帮助主播从外部获客，最好能让用户加自己的微信号；小红书是一个很好的"种草"平台，如果文笔不错的话，可以时不时地分享一下使用体验，保障自己的专业性。

## 二、提高流量的转化

被称作"淘宝第一女主播"的薇娅，曾经创造过单场销售额超过2.67亿元的记录；"口红一哥"李佳琦在2019年天猫"双十一"的预售首日，仅仅用了5分钟就卖出了上万支口红，带货能力可见一斑。

流量是变现的前提，但直播电商的核心是提高转化，而如何实现从流量到变现，实在是一门学问。具体来说，直播间销售变现的步骤如下图所示。

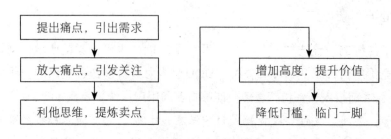

**直播间销售变现的步骤**

### 1.提出痛点，引出需求

痛点是最能吸引用户注意力的部分，因此在直播间销售的第一步是提炼用户的痛点。提炼痛点的方法可以使用反向思维，从直播间的产品出发，对这款产品的目标人群进行划分，提炼他们的特点和痛点。

比如，你今天要在直播间推一款家居服，最忌讳的就是一上来开始夸自己的家居服多么多么好，用户刚点进来看到这些可能就会立刻退出。

可以先从用户的痛点入手，比如有些家居服穿着不适合外出，有些家居服面料起球、质感不好等。那直播间里的精准用户就会觉得戳中了他们内心最想解决的问题。接下来肯定是想要一套可以外穿的家居服，想要一套质感好的家居服，这样用户的需求就很明显了。

### 2.放大痛点，引发关注

当引出用户的需求时，就开始推产品的话，用户会觉得原来你说了这么多是为了让我买东西。因此，你要继续分析痛点，对第一步提出的痛点进行放大。

还拿上面的家居服来说，如果你有一套这样的家居服，想下楼遛遛弯，想出门取个快递的时候也不用换衣服，直接穿着就可以出门，是不是很方便。

当然，放大痛点并不是胡编乱造，要在事实的基础上引发关注。

### 3.利他思维，提炼卖点

当用户开始注重你上面提出的问题时，就可以开始最重要的一步：提炼卖点，针对上面的痛点提出解决方案。但要注意，除了介绍产品的卖点外，还要让用户觉得你是为了他好，他用了这款产品后会带来的效果和改变，这个在心理学上叫作"利他思维"。

戳中痛点，解决问题，对用户有利，当综合这几种情况的时候推出产品，用户开始有购买的冲动。

### 4.增加高度，提升价值

经过了上面的3步，用户的购买心理会非常强，但是对于产品，对于主播，仍处于一种顾客俯视商品的姿态，因此要赋予产品更多的价值，除了上面讲到的戳中用户痛点的卖点外，还要提炼其他的卖点对产品的价值进行升华，可以是包装、品牌等附加优点。

但是这个步骤不是必须的一步，没有把握的主播可以选择跳过，直接进行第五步。因为一旦没有掌控好节奏，用户购买欲望降低，甚至会产生反感心理。

　　5.降低门槛，临门一脚

　　性价比优势是直播产品的核心，最后一步宣布这款产品在直播间里的优惠力度，原价与现价对比，能省多少钱，给大家算一笔账，排除用户对价格的顾虑。除此之外，还可以根据实际情况限量限时抢购，营造紧张感，临门一脚，促进成交。

 **情景再现**

### 应对顾客要求优惠的话术

　　**情景一：这衣服那么脏，又是最后一件，便宜一点吧！**

　　导购员：真的很抱歉，价格方面实在没办法给您优惠，这款衣服真的很适合您，而且卖得那么好，就剩这最后一件了，错过挺可惜的，衣服上这点灰尘是可以洗掉的，如果您不放心，我们现在帮您处理一下。

　　导购员：真的很抱歉，因为我们没有及时护理好，才让这件衣服有了瑕疵，不过这款卖得非常好，现在只剩下这最后一件了，您不介意的话我给您申请一个最低折扣，如果您认为不合适，我们还有与这款相近的款式，您可以试穿一下……

　　**情景二：价格上能再便宜一点吗？**

　　导购员：其实我也希望能以更优惠的价格卖给您，不过真的很抱歉，请您谅解，因为商品要做出好的质量就一定需要比较高的成本，只有好的质量，才能让您买得放心，穿着舒心。

　　导购员：对不起，这一点要请您见谅了！虽然我们在价格上没有办法给您优惠，但只要是在我们这里购买的产品，无论是在质量上还是售后上，我们都是有保障的，您完全可以放心！

# 直播过程的把控

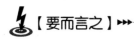【要而言之】▶▶▶

很多新人主播在直播间并没有主场的感觉，自己都感觉像一个客人，进进出出的观众怎么会觉得自在呢？所以，你要记得在你的直播间你要有主场的感觉，你必须掌握主动权和控制权。

【详细解读】▶▶▶

## 一、直播前的准备

### 1.直播镜头调试

不推荐第一视角的近距离自拍，避免仰拍，但第二视角因为看不清自己的面部表情，效果也不一定最佳。所以建议，如果坐位直播，以固定机位自拍的形式；如果是移动播放，建议对方拍摄，同时一定要注意防抖，尽量用稳定器。

### 2.直播人员配置

一场直播，一般需要人员2～3名，1名主播、1名场控、1名试衣模特的搭配比较合理。

毕竟直播具有不可逆性，所以直播过程中的环节需要提前彩排试播，以保证说辞、动线、植入内容、互动安排的合理性，以及直播过程可能出现问题的紧急应对。

## 二、直播中的导流

### 1.分享不要停

直播过程中，策划不间断分享链接到微信群，并配合诱导性转发语或红包刺激呼吁同事、媒体积极转发直播链接。同时主播也要不断提醒观众多分享，分享可截图，可送小礼品等。

2.同城导流同步

在个人直播平台上，将新、老客户拉入其中，进行现场互动，如抖音、快手等平台都有"同城"推荐，将直播平台的区域在线客户大数据进行导入。

## 三、直播应注意的事项

（1）开适当的美颜、滤镜，调整最佳角度。

（2）在直播过程中，主播切勿喋喋不休的不停说，要有和观众的对话感，如果自己不具备控场能力，有个搭档比较合适。

（3）切勿一个画面静止不动，多准备些段子应对突然的冷场。

（4）切勿不看即时屏幕留言，应多频次互动。

（5）直播角度很重要。自拍大多效果不好，主播的"大脸"会引起观看者极度不适。

 **情景再现**

---

**应对顾客认为衣服太紧的话术**

导购员：我们这款衣服的设计确实是比较贴身的，如果宽松的话就体现不了这款衣服的特色了，这类衣服也只有像您这样身材的顾客才能穿出效果（针对身材好的顾客）。

导购员：我们这款衣服采用的是弹力面料，伸缩性很好，所以会比较贴身，不过这种类型的衣服如果穿得宽松了，看起来可能会比较奇怪，所以我建议您还是穿这件会比较适合（针对所有的顾客）。

# 直播的语言技巧

## 【要而言之】▶▶▶

其实直播卖货，就是要迅速和陌生人搭上话，打破社交聊天中的尴尬局面，这也是直播卖货应该掌握的一门基本功。那么，如何说话才会让顾客觉得愉快，从而实现成交呢？

## 【详细解读】▶▶▶

### 一、开场留人语言技巧

开始直播的时候，只要有人进入直播间，都要主动地进行打招呼。打招呼能让观众一进到直播间，就有被重视、被关注的感觉。在这种情况下，观众很少会狠心离开直播间，一定程度上可以吸引观众多留一会。

但开场欢迎语也有一定的技巧，简单的问好已经很难吸引观众的关注了，主播们需要做出改变。

（1）自我介绍进入主题："各位朋友晚上好呀！欢迎大家来到我的直播间。今天直播要跟大家分享几个重磅商品……"（可简要说明直播带货的商品）

（2）借机传达直播内容："欢迎×××进入直播间，今天要给大家介绍的是……感兴趣的朋友记得点个关注哦。"

（3）寻找共同话题："欢迎×××进来捧场，现在我们来看看，在直播间的小伙伴，大家都是来自哪里的呢？"

**销售语录** 大胆的尝试相当于成功的一半，不敢尝试的人永远不会成就一番大事业。只有在别人没有探索过的领域，大胆尝试，才会取得前所未有的巨大成功。

## 二、中场互动语言技巧

直播在进行到中场的时候，主播也不要忘了和大家多多互动，不要自说自话。互动的关键在于有问有答，如果只是主播去说，没有观众去回应，那么这样的互动是失败的，不会得到大家的关注。只有让观众真实地表达出自己的诉求，这样才能更多地了解观众，从而设计出符合观众需求的营销方案。

我们可以用以下几种方式引导观众互动。

### 1.主动发问

"刚刚分享的小技巧大家学会了吗？""你们能听到我的声音吗？""这款风衣大家以前见过吗？"等这样的问题。

### 2.主动带节奏

"觉得主播这套衣服穿着好看的刷波666。""刷波520让我感受一下你们的热情。"等这类话术。

### 3.促单语言技巧

低价才是"粉丝"们追随的主要动力，直播的优惠活动是影响"粉丝"在直播时购买产品的最直接因素。因此，主播在促单时，要学会用一些带"优惠"的字眼，去勾起"粉丝"对低价的兴趣，最后引导"粉丝"下单。

常见的优惠语言有"低价""买×送×""优惠套餐""全网最低价""我们直播间比免税店还便宜！"等。

 **情景再现**

| 与观众互动话术 |
| --- |
| 直播互动交流全过程中，观众也会提出问题，这种问题通常释放出来一些选购前的交易量数据信号，那主播该如何正确回应呢？ |

**情景一**

观众：×号商品试一下？

分析：这种提出主播试穿的要求，证明"粉丝"至少对该商品产生了购买兴趣，需要耐心讲解，并回复观众说主播会马上试穿。

主播话术：×××（直接说出"粉丝"ID）漂亮小姐姐，点上方红色按钮关注主播，×××（主播名字）立刻给你试衣服哦。

**情景二**

观众：主播多高？多重？

分析：一般来说，"粉丝"都没有看身后信息内容牌的习惯性。

话术：主播身高168cm，体重58kg，穿M码，小姐姐也可以看看我身后的信息牌，有什么需要可以留言，记得关注主播哦。

**情景三**

观众：身高××能穿吗？体重××能穿吗？

分析：直播中常常会出现这样的问题，必须细心正确引导解释。

话术：漂亮小姐姐要报实际的体重和身高哦，那样××（主播名字）才能够给你有效的提议哦。

**情景四**

观众：主播怎么不理我？不回应问题？

分析：出现这样的状况，抚慰"粉丝"心态很重要，不然会丧失这一"粉丝"。

话术：×××（"粉丝"ID）漂亮小姐姐，不是不理哦，主要是没看见哈，别生气、别生气，您再刷一遍，我们立即回答。

**情景五**

观众：××号商品要多少钱？这一商品如何特惠？

分析："粉丝"问这些问题，表明她早已表现出想选购的心意，必须细心解释。

话术：×××（"粉丝"ID）漂亮小姐姐，显示屏上下拖动能够见到每个宝贝的优惠促销哦，这一商品可以找在线客服报主播名字领到××元优惠券哦，特惠出来一共是××元。

## 三、打造招牌话术

　　每个人在谈话的时候，都会有自己的特点，这也是自己的口头语。当我们听到"哦买噶，买它！"，这样的话一出口，大家就会想到李佳琦。同时客户熟悉了他的招牌话术，也会更有好感。

　　对于服装导购员而言，为了迎合观众，让观众对自己有印象，完全可以打造自己的招牌话术，这样就可以让自己的话术深入观众的内心，激发观众的亲切感。

小提示

　　每个人都有自己的一套话术，总之，足够感染人的话术能够引起消费者共鸣并产生消费行为，只有掌握这些语言技巧，才能轻松玩转直播带货。

# 第八章
# 顾客维护管理技巧

**导言**

　　作为导购员，很重要的一项工作职责就是维护老客户。维护老客户的目的就是形成回头客，因为新开发客户的成本太高，而且短期内也难以形成销量，自然客户维护工作就变成了一项非常重要的工作。

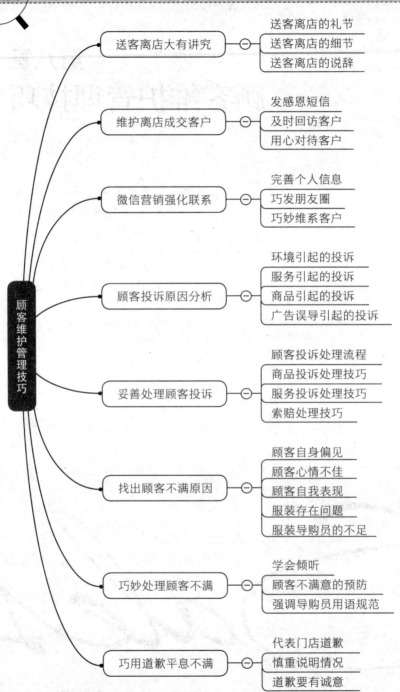

销售冠军
成长记系列

本章
导视图

顾客维护管理技巧

送客离店大有讲究
- 送客离店的礼节
- 送客离店的细节
- 送客离店的说辞

维护离店成交客户
- 发感恩短信
- 及时回访客户
- 用心对待客户

微信营销强化联系
- 完善个人信息
- 巧发朋友圈
- 巧妙维系客户

顾客投诉原因分析
- 环境引起的投诉
- 服务引起的投诉
- 商品引起的投诉
- 广告误导引起的投诉

妥善处理顾客投诉
- 顾客投诉处理流程
- 商品投诉处理技巧
- 服务投诉处理技巧
- 索赔处理技巧

找出顾客不满原因
- 顾客自身偏见
- 顾客心情不佳
- 顾客自我表现
- 服装存在问题
- 服装导购员的不足

巧妙处理顾客不满
- 学会倾听
- 顾客不满意的预防
- 强调导购员用语规范

巧用道歉平息不满
- 代表门店道歉
- 慎重说明情况
- 道歉要有诚意

# 送客离店大有讲究

【要而言之】▸▸▸

如果说迎接顾客是接待服务工作的序曲，那么送客就是压轴戏。送客这个环节是导购员与顾客的最后接触时段，也是顾客最容易留下深刻印象的阶段。

【详细解读】▸▸▸

## 一、送客离店的礼节

送客离店是一种最起码的礼貌，是对顾客最基本的尊重。对于签单成交的顾客要细心对待，送客出门，给顾客留一个好印象。即便没有成交，我们也要把顾客送出门外。

### 1.不要主动提出送客离店

在顺利收款之后，不要主动向顾客表示送客离店，比如"我来送您出去吧"，如果我们这样说，客户十有八九不会要我们送，正确的做法是我们应该自然地引导客户向大门走去。

### 2.不要在收银台送客离店

如果我们在收银台处直接向顾客道别，会给顾客一种感觉，刚收完钱就马上道别，太现实了。

### 3.目送顾客离开

如果是在店面送客，在顾客走后要多站一会儿，目送顾客离开，目的是为了防止顾客回头，如果顾客回头发现店员还站在店门口，心里面会感觉非常好。

同时，也不要在客户刚刚离店后就几个店员聚在一起说话，目的是避免被顾客回头看到，有些顾客会认为是在议论他，而且是没说好话。

## 二、送客离店的细节

面对不同的顾客，导购员要平等对待，同样亲切热情，做到"买与不买一个样，买多买少一个样，买与退换一个样"。一个好的送客态度不仅会给顾客留下一个好印象，还能为下一次接触顾客奠定良好的基础。

### 1.给顾客赠送小礼物

在顾客要离店时，可以给顾客准备一些赠品（小礼物），或是为顾客提供一些搭配的小建议，无论价值如何，都会给顾客一种超值的感觉，毕竟交易都完成了，还能给他带来惊喜。

### 2.送客时称呼顾客

送客时称呼顾客和自我介绍，是门店经营过程中建立忠诚顾客的细节之一。如果你明确地道出顾客的姓氏，那么亲切感就会倍增，给顾客的感觉就会很好。

在一个顾客走出门店的时候，导购员要反思两件事。

第一，我认识这个顾客吗？

第二，这个顾客认识我吗？

如果两者都没有做到的话，说明你和顾客还是陌生的两个人。

### 3.背后夸赞客人

打破陌生才有成交，打破陌生的方法就是倾听顾客并去夸赞顾客，这是很关键的一步。在夸赞中还有一个很重要的技巧，就是背后夸赞。背后说人好话比当面的效果更好。

为了让顾客下次再来，在顾客离开门店时，导购员可以发挥夸奖他人的"功力"。

*比如，在顾客离开店门不远时，你可以向同事大声对这位顾客进行事后夸赞："小张，我刚才服务的那位顾客性格很好，很细心，而且眼光超级棒！"*

诸如这样的夸赞让顾客听到，一定会给顾客留下好印象，下次再来购物的概率就会上升。

## 三、送客离店的说辞

顾客离开时，导购员既要礼貌地送别顾客，同时要尽量地传达关于品牌、产品以及导购自身的信息，加深顾客的印象，为下一次销售做好铺垫工作。

（1）导购员要留意顾客是否有遗落的物品，递交产品和落下的物品时要双手奉上。

比如，"张先生，这是您买的衣服，这个是您落在试衣间的围巾，您慢走，欢迎您再来××品牌专卖店！"

（2）导购员可将载有产品信息的促销海报、产品宣传册送于顾客，并请顾客向家人和朋友推荐。

比如，"李姐，这是我们最新的促销海报，上面有我们下个月要促销的产品价格和图片，我给您放在包装袋里，如果您朋友和家人有看中的，请带她们来我们店，我给您最优惠的价格！"

（3）对于未成交或者无购买意向的顾客，导购员也可以留下名片、名字等信息。

比如，"小姐，下雨天路滑，您路上当心。这是我的名片，我姓赵。您如果想好了决定要买这款衣服，欢迎您随时联系我。"

（4）送顾客离店时突出品牌名称、公司名称、自己的姓名等信息，加深顾客的印象。

比如，"王先生，谢谢您光临××品牌店！您慢走，欢迎再来！"

**销售语录**

妥协不仅是"出卖"，更是一种"消耗"自己的方式，也就是说：你将不可能成功地销售自己。

# 维护离店成交客户

【要而言之】▶▶▶

　　对于成交的客户离店之后，服装导购员要做好后期维护工作，让客户感觉到你的关怀，当有再次购物需求的时候，第一个自然会想到找你。

【详细解读】▶▶▶

## 一、发感恩短信

　　在客户离店10min后，导购员可以发送一条感恩短信或微信，以加深顾客的印象。

　　比如，"尊敬的×小姐/先生，感谢您信赖并选择我们产品，也感谢您对我工作的认可和支持，在接下来的日子里，我会尽最大的努力为您提供最优质的服务，您有任何问题请随时和我联系。祝您越来越美。刚为您服务的××。"

## 二、及时回访客户

　　一般情况下，导购员可以借助节假日对客户进行电话回访，以加深顾客对你的认识，争取转介绍。

销售语录

　　*满意的顾客，是永久的面对面的广告。*

 **情景再现**

### 回访客户话术

×先生/小姐，我是××店的导购××，前两天您在我店购买了××皮衣，想对您穿着我们皮衣后的感受做一下回访。能占用您两分钟时间吗？（开场白）

这边需要耽误您两分钟做一个简单的回访。您觉得我们店的服务态度怎么样？您对我们的服务有何建议？

您稍等一下，我拿笔记录下来，尽快和公司建议，谢谢您的宝贵建议，相信因为您的支持，我们肯定会越来越好。

现在我们店里正在做老客户回馈活动，活动期间有优惠，推荐朋友过来可以帮您的朋友省钱，欢迎过来。（争取转介绍）

再次感谢您对我的支持，我在服装行业从事导购工作已经3年了，如果您有什么需要，可以给我打电话，搭配过程中如有疑问，我可以帮您解决，不能解决的问题，我还可以找朋友帮您解决。（再次表达感谢）

待会我给您发个信息，您可以存上我的电话。打扰了，再见！


## 三、用心对待客户

气温变化时，向老客户发短信表达关怀与问候。此外，也可以不定期向老客户赠送礼物。

 **小提示**

很多时候，我们都认为成交收款后，工作就结束了。其实不然，如何送客，以及后续服务工作如何开展，我们需要提供哪些服务，这些都很重要。

# 微信营销强化联系

**【要而言之】**▶▶▶

导购员在微信上与常态客户或者潜在客户交流，无论是平常的闲聊或者是介绍产品、商谈交易，都是很不错的营销方式。

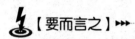

**【详细解读】**▶▶▶

## 一、完善个人信息

### 1.选择正确的头像

微信营销的目的就是希望先"卖人"，后"卖服务"。所以导购员可以将真实的自己展现给对方。因为真实的头像能够在添加陌生人时加大通过率。

不建议使用卡通类、宠物类的图片作为自己的头像，这样容易混淆，且容易被淡忘。

### 2.起合适的微信名字

与头像目的一样，名字也能将最真实的自己营销给对方，所以理想的方式就是大方地将自己的真实名字设为微信名。可运用英文名以及小名，会更有亲切感，且容易记忆，但前提是，你的小名或者英文名在你的生活中、门店中是广为人知的。

需注意的是，虽然加上AAA在名字前的方式很容易将自己的联系方式放在通讯录靠前的位置，但是这种方式特别容易被客户屏蔽。某些"字母"客户根本不知道什么意思，而"销售"字样在加好友时容易被拒绝。

### 3.用签名来为你做广告

个性签名在微信的各类设置中相对来说是比较不起眼的，但是对于营销型的微信来说还是希望借由这里的文字给自己做广告，同时将自己的联系方式与简介公之于众。

在平时维护中可以定期更新，将公司最近活动以及优惠信息进行发布。

## 二、巧发朋友圈

作为导购员，对于联系顾客纽带的微信朋友圈，该发些什么内容呢？

（1）个人生活、娱乐内容。此类内容是希望让对方多了解你，并让对方真切地感受到你是一个人，而不是一个"销售机器"。

（2）产品常识。这类内容是希望给对方带来一种你比较专业的感觉。

（3）个人销售业绩或个人荣誉。这类内容可使对方感觉到你的生意红火、你的专业可信、得到客户的认可，以此来获取对方信任。

（4）客户服务经历。这类内容指的是你亲自帮客户处理问题的经过以及结果，最好配上图片。希望对方了解你很有服务精神，打造优质服务的服务顾问形象。

（5）客户的感谢短信。这类内容指将客户的感谢短信截屏在朋友圈，配上自己的感言，并在回复中打上客户感谢的内容，用更多的服务故事打造自己周到服务的专业销售形象。

（6）最新行业资讯。指本行业的政策变化、新产品上市信息、市场前景，体现自己的行业资深形象。

（7）活动促销信息。此类信息旨在引起客户兴趣，带来与你沟通的可能，创造销售机会。

（8）最新新闻、热点话题以及其他。此类信息希望增加个人微信的趣味度，增加对方的关注。

## 三、巧妙维系客户

玩手机也能"玩出单"。为了维系新老客户，导购应该怎么做？下图所示是导购员在与客户交流过程中常出现的几种情况。

**情况一** 客户与你互为好友却很少联系

出现这种情况，说明你与客户关系很一般，没有沟通的欲望。这时就要多做努力，比如节日发一些祝福，平常发一些关怀的语言，拉近双方的关系

**情况二** 对方很在意你的朋友圈分享，常点赞，但从不说话

这时你如果主动沟通，如得到积极回应，说明其对你是无防御的，否则，说明你目前处于弱势

**情况三** 你经常关注对方朋友圈，点赞，评论他的分享，每次或多数都有及时回应

出现这种情况说明对方不厌烦你，并尊重你。若得不到顾客的及时反馈，说明对方并不希望与你有过多联系

**情况四** 如果对方从未对你有过痕迹式的赞美与评论

出现这种情况，说明他对你重视不够，或不愿与你扯上瓜葛，以免引起不必要的麻烦

**情况五** 如果你给他发信息，弹出一个框让你验证身份

这就说明你已经被他从微信通讯录里删除，在对方眼里，你已经是一个陌生人。回想一下，是不是过于频繁骚扰客户？甚至在顾客提醒之后，依旧我行我素

**情况六** 如果你发给对方的信息被拒收

这就说明你已经被对方拉入黑名单，成为对方不欢迎的人。原因和第五种情况类似，也许是因为骚扰、发广告的频率太高

**在与客户交流过中常出现的情况**

# 顾客投诉原因分析

**【要而言之】**▶▶

　　服装导购员要妥善应对顾客投诉，首先就要了解顾客投诉原因，只有清楚把握顾客投诉原因所在，才能针对性地予以应对。

**【详细解读】**▶▶

## 一、环境引起的投诉

　　卖场环境直接影响着消费者的购买心情。顾客对卖场购买环境的投诉原因，具体如下表所示。

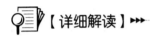

**购买环境投诉原因**

| 序号 | 原因类别 | 具体内容 |
|:---:|:---:|:---|
| 1 | 光线太强或太暗 | （1）卖场中基本照明的亮度不够，使货架和通道地面有阴影，顾客看不清商品的价格标签<br>（2）亮度过强，使顾客眼睛感到不适，也会引来投诉 |
| 2 | 温度不适宜 | 　　卖场的温度过高或过低，都不利于消费者浏览和选购。北方10月下旬就已是寒风阵阵了，而室内暖气11月中旬才来，如果不开空调，石材铺就的地面，更加寒气逼人，无疑会缩短顾客的停留时间；没有及时调整卖场的温度，会影响顾客的购买情绪 |
| 3 | 地面过滑 | 　　卖场的地面太滑，顾客行走时如履薄冰，老年顾客以及儿童容易跌倒，都会引起顾客的投诉，有时还会引来法律纠纷 |

续表

| 序号 | 原因类别 | 具体内容 |
|---|---|---|
| 4 | 卫生状况不佳 | 例如卖场不整洁，没有洗手间或洗手间条件太差等 |
| 5 | 噪声太大 | （1）补货时大声喧哗<br>（2）商品卸货时声音过响<br>（3）卖场的扩音器声音太响等 |
| 6 | 电梯铺设不合理 | 出入口台阶设计不合理，卖场内的上下电梯过陡等 |
| 7 | 卖场外部环境不合理 | 有的门店停车位太少；停车区与人行通道划分不合理，造成顾客出入不便等 |
| 8 | 意外事件的发生 | 在安全管理上的不当，发生意外伤害而引起投诉 |

## 二、服务引起的投诉

由于服务而引起的投诉可分为对服务者和对卖场服务方式两方面。

### 1.对服务者的投诉

顾客对服务者的投诉大体上可以分为以下几类。

（1）收银员多收顾客的货款；少找顾客零钱；商品装袋时技术不过关，造成商品损坏；将商品装袋时，遗漏商品；收银员面无表情，冷若冰霜；让顾客等待结算时间过长，这些都会引起顾客的投诉。

（2）顾客面对种类繁多的商品，会经常询问导购员。有时导购员太忙，没有理会顾客的询问，或回答时敷衍、不耐烦、出言不逊等，都会引起顾客的投诉。

### 2.对卖场服务方式的投诉

顾客对卖场服务方式产生的投诉有五种。

（1）应对不得体。常见的应对不得体的表现如下表所示。

**常见的应对不得体的表现**

| 序号 | 种类 | 具体表现 | 备注 |
|---|---|---|---|
| 1 | 态度方面 | 一味地推销，不顾顾客反应；化妆浓艳、令人反感；只顾自己聊天，不理顾客；紧跟顾客，像在监视顾客；顾客不买时，马上板起脸 | |
| 2 | 言语方面 | 不打招呼，也不回话；说话过于随便；完全没有客套话 | |
| 3 | 销售方式 | 不耐烦地把展示中的商品拿出给要求看的顾客；强迫顾客购买；对有关商品的知识一无所知，无法回答顾客质询 | |

（2）给顾客付款造成不便。比如，算错了钱，让顾客多支付钱款；没有零钱找给顾客；不收顾客的大额钞票；金额较大时拒收小额钞票。

（3）未能守约。比如，顾客按约定时间提前订货，却没有到货；答应帮顾客解决的问题，顾客如约赶来时却还没有解决好。

（4）商品说明不符合情况。比如，商品的使用说明不详细，用了不长时间就坏了；成打出售的商品回去打开包装后发现数量少了；成套的商品缺了一件或互相不配套。

（5）包装不当。比如，按顾客要求包装成礼品，却弄错了包装纸或装错了贺卡；作为礼品的商品出售时忘记撕下写有价格的标签。

## 三、商品引起的投诉

对于购买频率高、消费使用频繁的商品，顾客购买时产生投诉的情况也最为常见。顾客针对商品进行投诉的原因有许多，具体如下表所示。

**顾客针对商品进行投诉的原因**

| 序号 | 原因类别 | 说明 |
|---|---|---|
| 1 | 价格偏高 | 顾客对服装的价格比较敏感，经营服装的店多，价格的横向比较较为容易。消费者一般投诉某店的价格水平高于商圈内的其他服装店的价格，希望对价格进行一定幅度的下调 |
| 2 | 商品质量差 | 出售的商品有些是包装过的，其质量好坏只有打开包装后才能发现。因此，这类投诉属于消费者购买行为完成之后的"信息扭曲"，即消费者在使用商品的过程中发现商品不尽人意而迫使自己内心里接收商品的过程。当"信息扭曲"达到一定强度时，消费者就会要求退换商品，甚至诉诸法律 |

续表

| 序号 | 原因类别 | 说明 |
|---|---|---|
| 3 | 缺乏应有信息 | 购买的商品有时会发现缺乏应有的信息情况，主要有以下情况：进口商品没有中文标示、没有生产厂家、没有生产日期、生产厂地不一致、价格标签模糊不清、说明书的内容与商品上的标示不一致等 |
| 4 | 商品缺货 | 有些热销商品或特价品卖完后，没有及时补货，使顾客空手而归；促销广告中的特价品，在货架上数量有限，或者根本买不到 |

## 四、广告误导引起的投诉

### 1.夸大商品价值功能

夸大商品的价值功能，不合实际地美化商品，尤其是那些情感诉求的广告，极力渲染情感色彩，将商品融入优美动人的环境中，给顾客以无限的想象，使顾客在激动、欢愉中做出购买决策。这种广告抬高了顾客的期望值，当商品实际上达不到宣传效果的时候，投诉便随之而来。

### 2.售后服务没有兑现

大力宣传售后服务却不加兑现，这有欺诈之嫌，遭到顾客投诉在所难免。在市场中常面临这样的两难境地：不承诺，对消费者缺乏吸引力，达不到满意的销售额；承诺，提高了消费者的期望值，容易导致消费者不满意，而许多承诺实际上是实现不了的，如"终身免费保修"等，若要实现承诺，必须维护庞大的维修队伍，庞大的维修队伍的保持是需要耗费成本的，岂能"免费"呢？

 **情景再现**

**应对售后问题的话术**

**情景一：顾客询问售后服务怎么样。**

顾客："你们的售后服务怎么样啊？如果衣服出现问题你们负责吗？"

导购员："您放心，我们的服装连锁店遍布全国各地，很多人都在购买和穿着我们的服装，并且顾客口碑非常好。而且我们在售后服务方面也做得非常专业和到位，只要您拨打我们服装店或会员卡上的服务热线，我们的售后服务人员就会在第一时间为您解决问题，所以您完全不必担心（向顾客说明服装店售后服务方面的具体保障措施和解决方案）。那我现在就为您打包，好吗？"（主动向顾客提出成交请求）

**情景二：顾客在退货期内因款式等非质量问题要求退货。**

顾客："这件衣服我穿着一点也不好看，这个款式根本就不适合我，我要退货。"

导购员："先生，您先别着急，这是我们的错，都怪我当时没有给您把好关。让您来来回回跑了这么多趟，真是麻烦您了。这样吧，我们店昨天到了一批新货，我觉得有几款特别适合您。如果您有中意的话，我们给您进行换货处理吧。"

**情景三：已过退货期但顾客仍要求退货。**

顾客："这件衣服买回去后，我就出差了，一直没有穿，这段时间我减肥效果很好，现在这件衣服穿不了，太大了，我想要退货。"

导购员："按规定这种情况可以退货，但问题是衣服已超过退货期。"

顾客："我知道是过了退货期，但是这衣服都没有拆封，你看我也确实穿不了，能不能破例为我换一件。"

导购员："先生，这件衣服确实超过了公司规定的退货期，不过考虑到您是因为出差的原因，并且衣服也保持完好，这样吧，我跟公司联系一下，看是否可以帮助您换一款（电话与公司沟通）。先生，公司考虑到您这种情况决定破例给您换一件，请问您想换什么款式的？"

# 妥善处理顾客投诉

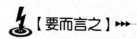【要而言之】▶▶

　　妥善处理顾客的投诉，是每一个导购员应该掌握的售后技巧。处理好顾客的投诉，不但可以很好地解决问题，还能与顾客建立良好的互信关系。

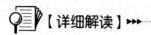【详细解读】▶▶▶

## 一、顾客投诉处理流程

　　服装导购员在对待顾客的投诉时，可以按照下图所示的流程来操作。

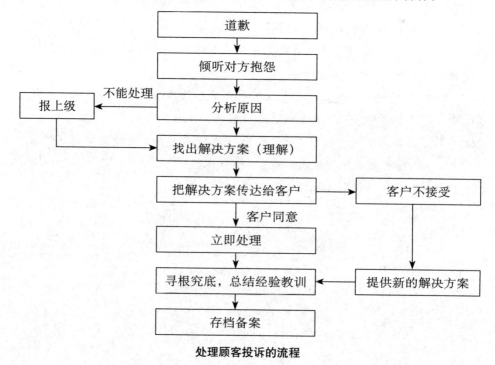

处理顾客投诉的流程

### 1.道歉

顾客在投诉的时候，首先需要有一个人站出来承担这件事的责任。

（1）在处理投诉的时候，如果能够一开始就真诚地致歉，那么，顾客的这种心理需求就能得到满足。

（2）有的服装导购员讨厌代表门店向顾客道歉，尤其是当他们觉得是顾客无理取闹时。其实，道歉不会降低身份，道歉也并不意味着自己承认犯了错。道歉只是对顾客未能享受到愉快的购物经历而表示的一种歉意。

### 2.倾听

让顾客发泄不满，倾听顾客的诉说。导购员要做两件事。

（1）要有心理准备，特别是被痛骂的心理准备。当顾客不满时，他们想做的是宣泄自己的情绪，然后让问题得到解决。如果顾客情绪激动，怒气冲天，要做的事情就是正确预测顾客的需求，特别是顾客情绪发泄的需求。

（2）让顾客发泄。先通过开放式的问题让顾客发泄情绪，然后才能了解问题的实情。

① 要理解顾客的心情，稳定顾客的情绪，请顾客坐下来慢慢谈。

② 在谈话过程中，要尽量通过一个开放式的问题，把顾客从情绪引导到事件上面去，让他把问题讲述出来。这样，在倾诉的过程中，实际上顾客的情感得到了宣泄。例如，"你对这事抱什么看法？""你认为如何？""你目前的使用状况如何？"等。

### 3.理解

顾客的愤怒带有强烈的感情因素，因此如果能够首先在感情上对对方表示理解和支持，那么将成为最终圆满解决问题的良好开端。

表达理解和同情要充分利用各种方式，与投诉者直接面谈时，以眼神来表示同情，以诚心诚意、认真的表情来表示理解，以适当的身体语言，如点头来表示同意等。另外，在电话处理时，可以以说话的方式（如语调、音量、抑扬）等来表示同感。

（1）在一般原则上与顾客达成共识。

*比如，"刚买的衣服第二天就坏了，这事搁谁头上都不会觉得舒服的。"*

（2）对顾客表达自己意见的权利予以确认，通常都能够有助于舒缓顾客情

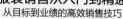

绪，从而使顾客对问题的表述更具逻辑性。

比如，"是的，您完全有权利提出意见，而且我们正是专门听取和处理这类问题的，请您坐下来慢慢谈，不要着急。"

### 4.解决

在与顾客打交道的时候，有句话也是常常听见的："对不起有什么用，我到底该怎么办啊？"

道歉和"对不起"不仅是有用的，也是必要的，但是是远远不够的，能真正让顾客平息愤怒，化解不满的，是马上帮他解决问题。

"对不起，是我们的过失"之后，一句"您看我们能为您做些什么呢"更实在。单纯地同情、理解是不够的，顾客需要迅速得到解决问题的方案。

### 5.检查

做出补救性措施之后，要检查顾客的满意度，并且要再次道歉，然后与顾客建立联系并保持这种联系，留住顾客。

### 6.寻根究底

这一步是极其重要的，采纳顾客投诉传来的信息，改进自身的商品质量、服务与工作，才是经营的长久之道。

## 二、商品投诉处理技巧

### 1.商品质量问题

（1）如果顾客买的商品发生质量问题，说明企业在质量管理上不过关，遇到这类情况，最基本的处理方法是诚恳地向顾客道歉，并更换质量完好的新商品。

（2）如果顾客因为该商品的质量问题而承受了额外的损失，企业要主动地承担起这方面的责任，并对顾客的损失包括精神损失都给予适当的赔偿与安慰。

（3）在处理结束后，就该存在质量问题的商品如何流入顾客手中的原因向顾客讲明，并说明企业的相应对策，给顾客再次购买本企业商品以信心。

（4）能与顾客保持一定的联系，确保顾客对企业商品的满意度，并将商品的问题向供应商反映，给予更新，以利于企业的发展。

### 2.商品使用不当

如果是因顾客自己使用不当而出现的商品质量问题，服装导购员要意识到，这不仅仅是顾客自身的问题，或许是在销售商品时未向顾客交代清楚注意事项，或者出售了不适合顾客使用的商品，属于这类事件的，门店应该承担一定的责任。一定要向顾客真诚地道歉，并根据事情的发展情况给予顾客适当的赔偿。

## 三、服务投诉处理技巧

顾客的投诉有时候是因服装导购员的服务而引起的，服务是无形的，不能像商品那样事实明确、责任清晰，只能够依靠顾客与服装导购员双方的叙述，因此，服务问题要明确责任是比较困难的。

（1）处理类似问题时，一定要明确"顾客至上"这一宗旨。

（2）首先听取顾客的不满，向顾客诚恳地道歉，向顾客承诺以后保证不再会发生类似的事件。

（3）必要时与当事人（服装导购员）一起向顾客表示歉意。

（4）对顾客在精神上、物质上给予一定的补偿。这样做的基本出发点是让顾客发泄自己的不满，使顾客在精神上得到一定的满足，从而赢得顾客的信赖。

## 四、索赔处理技巧

（1）要迅速、正确地获得有关索赔的信息。

（2）索赔问题发生时，要尽快确定对策。

（3）对于所有的资料均应过目，以防下属忽略了重要问题。

（4）要访问经办人，或听其报告有关索赔的对策、处理经过、是否已经解决等。与制造商保持联系，召开协商会。

（5）每一种索赔问题，均应制定标准的处理方法（处理规定、手续、形式等）。

（6）防止索赔问题的发生才是根本的解决问题之道，不可等索赔问题发生时，才寻找对策。

# 找出顾客不满原因

【要而言之】▶▶▶

顾客产生不满而抱怨的原因多种多样，作为服装导购员，首先要弄清原因才能对症下药，妥善解决顾客的不满。

【详细解读】▶▶▶

作为服装导购员应该努力找出顾客不满的原因，尽量把服务做得更好，处理顾客不满原因的办法有如下几种。

## 一、顾客自身偏见

偏见、成见往往不合逻辑并带有强烈的感情色彩，靠讲道理的方法难以消除由此产生的抱怨。因此，在不影响销售的前提下，服装导购员应避免讨论偏见、成见和习惯问题。在无法避免的情况下，应采取一些方法把话题引向别处，或予以委婉说明。

## 二、顾客心情不佳

顾客心情不佳时，也可能提出种种抱怨，借题发挥，大发牢骚，甚至是恶意的。服装导购员应尽量避免正面处理此类抱怨，但若顾客真的胡搅蛮缠，则应采取适当措施维护自己的权益。

## 三、顾客自我表现

有些顾客为了表现自己知识丰富、有主见，会提出种种问题来为难服装导购员，对此服装导购员应予以理解，并采取谦虚的态度耐心倾听。否则容易刺伤顾客的自尊心和虚荣心，引发他们的抱怨。

## 四、服装存在问题

当服装本身质量有问题，如功能欠缺、价格不当等，或者有关服装的销售证据不充分时，顾客自然会提出种种抱怨。对于此方面的抱怨，服装导购员应实事求是地予以处理，在销售服装时及时提供更多的证据，若品质不良，应设法改进或直接下柜不再销售等。

## 五、服装导购员的不足

当服装导购员服务不周、态度欠佳、自身行为不良、缺乏修养、销售礼仪不当、销售信誉不佳以及所提供信息不足时，导致顾客抱怨也是比较多见的。

为避免此类情况发生，服装导购员应在平时的销售中树立现代销售观念，树立良好的企业形象，平时多学习理论知识，并不断实践摸索，总结经验，以改进工作，取得顾客的信任与好感。

 **情景再现**

### 我只是随便看看

导购员：好的，没关系，您可以多看看、多比较，这样要买的时候心里有个底，您一般比较留意哪一类的衣服或是鞋子？我可以帮您参谋参谋。

导购员：是的！没有关系，您多了解一下，不管您买不买，我们的服务都是一样的，您有需要的时候可以随时叫我，我叫×××（条件：顾客很反感销售员跟着介绍时）

# 巧妙处理顾客不满

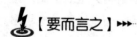

**【要而言之】▶▶▶**

　　服装销售过程中难免遇到顾客对于商品或者服务表现出不满的情况。当顾客表现出不满意时，服装导购员应该迅速了解顾客的不满，这就要求导购员学会倾听、处理顾客的不满。

**【详细解读】▶▶▶**

## 一、学会倾听

　　耐心、有诚意的倾听是导购员处理顾客不满的第一步。以诚恳、专注的态度来听取顾客对产品、服务的意见，听取他们的不满和牢骚。倾听顾客不满的过程中要看着顾客，使其感到你对他们的意见非常重视。在倾听顾客的投诉时，一定要以诚恳、专注的态度来听取顾客的诉说。

　　确认自己理解的事实是否与对方所说的一致，并站在对方的立场上替顾客考虑，不可心存偏见。每个人都有自己的价值观和审美观，因此，在倾听过程中你的观点与对方所述可能会有偏差。这时一定要站在顾客的立场上替顾客考虑，同时将听到的内容简单地复述一遍，以确认自己能够把握顾客的真实想法。倾听时不可有防范心理，不要认为顾客吹毛求疵，鸡蛋里面挑骨头。绝大多数顾客的不满都是因为我们工作失误造成的，即使部分顾客无理取闹，我们也不可与之争执。要知道处理顾客的不满不是辩论赛，如果与顾客展开辩论，结局常常是顾客走人，甚至投诉。

　　大多数消费者投诉时确实对商品或服务感到不满，认为服装店的工作应该改进，其出发点并无恶意，不满完全是我们工作失误或顾客与服装店之间沟通不畅造成的。如经过认真处理，则可以增加顾客的忠诚度。

## 二、顾客不满意的预防

忽视顾客的不满意，稍有不慎就会给服装店带来沉重的打击。树立"不满意"公关意识，有助于服装店及时做好准备，采取有效的策略化解顾客的不满意。

### 1.树立"不满意危机公关"意识

只有树立了全员"不满意危机公关"意识，认识到不满意处理不当可能会给公司造成的危害，服装店的导购员才不会对顾客投诉不理或相互推诿，而是以一种积极的心态去处理顾客的不满意，直至顾客满意。

### 2.定期进行满意度调查

服装店可组织导购员定期对顾客进行满意度调查，通过调查，可以得知顾客对服装店产品或服务的满意程度，了解到对顾客满意度影响较大的是哪些方面，服装店及导购员存在的不足是什么，应该如何改进等。

### 3.对顾客投诉进行定期整理

服装店主可以通过在店里准备好顾客意见簿、在店内张贴免费投诉电话和电子信箱地址等方式，方便顾客投诉。另外，投诉信息开发可以使顾客的投诉更加便捷，同时避免了在投诉过程中员工互相推卸责任的行为。

定期对服装店的投诉进行整理就可以发现服装店导购工作要在哪些方面进行改正，帮助服装店的导购员迅速提高导购能力。

小提示

## 三、强调导购员用语规范

当顾客对某一件服装不合适或质量问题要求退货时，服装导购员要学会把这次退货转换成一次新的销售机会。而机会的把握就是要对顾客礼貌、热情，不推托、不冷落。

### 1.导购员处理退货的正确用语

（1）好的，我帮您换一下，您看换哪一件好呢？

（2）没关系，我帮您换一件。

（3）请原谅，按规定这是不能退换的。

（4）对不起，这是商品质量问题，我们可以退换。

（5）对不起，您这件衣服已经穿过了，不属于质量问题，不好再卖给其他顾客了，实在不好给您退换。

（6）对不起，由于我们的疏忽给您添了麻烦，现在我就给您换一件。

（7）很抱歉，您这件衣服已卖了较长时间，现在已经没货了。

### 2.导购员的错误用语

（1）买的时候干嘛了，挑了半天又来退？

（2）你刚买走，怎么又来换？

（3）买的时候为什么不想清楚？

（4）不是我卖的，谁卖的你找谁。

（5）我解决不了，愿意找谁找谁去。

（6）不能换，这是规矩。

（7）不能退。

（8）只能换，不能退。

**销售语录**

遵守一个诺言，可以使别人对你建立起信心，破坏你的诺言，不仅动摇了那个信心，同时可能伤了一个人的心。

# 巧用道歉平息不满

 【要而言之】▶▶

在顾客投诉发生的开始阶段，如果服装导购员能够加以平息，往往能够起到事半功倍的效果。巧妙地道歉，是一个平息顾客不满的好办法。

【详细解读】▶▶

一般而言，在顾客投诉初期，他们常常情绪非常激动，导致措辞过分激烈，甚至伴有恶言恶语、人身攻击等。在此情况下，服装导购员首先应冷静地聆听顾客的全部委屈，全盘了解顾客不满的原因，然后诚恳地向顾客道歉，用"非常抱歉""真是对不起"等话语来稳定顾客的情绪，稍后再商谈投诉之事，这样问题就比较容易解决了。

当然，服装导购员在处理顾客投诉时，遇到不满情绪，也不可以一味地使用道歉的字眼来搪塞。除了要诚心诚意地了解顾客不满外，最重要的是一定要把道歉的态度清楚、明白地表现在自己的行为上。

在道歉的同时，以下三点在服装导购员的工作过程中相当重要。

## 一、代表门店道歉

当服装导购员向顾客道歉时，一定要想到自己代表的是整个店铺，而不只是代表个人。只有有了这种思想，才会慎重地、认真地向顾客道歉，而不是抱着"那是××闯的祸，不关我的事"的态度。

## 二、慎重说明情况

当服装导购员充分地向顾客道歉，请求原谅后，对需要说明的地方一定要慎重、清楚地向顾客说明。如果在说明过程中，顾客再度产生抱怨或不满，也不要心急，一定要让顾客把想说的话全部说完，然后继续向顾客说明，如果没有其他要解释的，最好是少说为佳。

## 三、道歉要有诚意

一定要发自内心地向顾客表示歉意，不能口是心非、皮笑肉不笑，否则就会让顾客觉得自己被"玩弄"。顾客的意见是正确的，服装导购员应该虚心接受，坦诚地承认自己的过错。这样不但不会让顾客反感，反而会使顾客觉得服装导购员有诚意。

 **情景再现**

### 为什么你们的配件不打折

导购员：我们的配件单价相对都比较低，即使做活动也实惠不了多少，而我们做活动的目的是为了让顾客获得最大的实惠，我们今天的活动是……（促销活动内容），您今天主要是想看……我帮您介绍吧。

导购员：在整个行业内配件的日常销售基本都是不打折的，而它本身价格也不高，更多的时候是为其他产品提供一个搭配的选择，比如：买……搭配……，您今天主要是想看……我来帮您介绍。